中国教师发展基金会教师出版专项基金资助

民族民间体育学

蒋东升　编著

學苑出版社

图书在版编目（CIP）数据

民族民间体育学 / 蒋东升编著 .—北京：学苑出版社，2014.6（2024.7 重印）

ISBN 978-7-5077-4536-8

Ⅰ．①民… Ⅱ．①蒋… Ⅲ．①民族形式体育－中国－高等学校－教材 Ⅳ．① G852.9

中国版本图书馆 CIP 数据核字（2014）第 112420 号

责任编辑：郑泽英　乔素娟
封面设计：陈四雄
出版发行：学苑出版社
社　　址：北京市丰台区南方庄 2 号院 1 号楼
邮政编码：100079
网　　址：www.book001.com
电子邮箱：xueyuanpress@163.com
联系电话：010-67601101（销售部）　010-67603091（总编室）
经　　销：全国新华书店
印 刷 厂：北京建宏印刷有限公司
开本尺寸：787 mm × 1092 mm　1/16
印　　张：12. 5
字　　数：300 千字
版　　次：2014 年 6 月北京第 1 版
印　　次：2024 年 7 月北京第 6 次印刷
定　　价：38. 00 元

前　言

记得，1993 年大学本科毕业进入广西民族学院（现已更名为广西民族大学）工作，恰逢“首届北海珍珠节”将于两个月后举行，组委会邀请我校去进行少数民族传统体育的表演。笔者作为助理教练，有幸参与了本次活动。在北海银滩，我们的表演与中央民族歌舞团“几乎”是同台演出，中央民族歌舞团是在舞台演出，我们则在观众区设置表演区。观众对民族歌舞团演员们精湛演出报以热烈的掌声，对我们的少数民族传统体育表演惊叹叫绝。在观众互动环节，少数民族传统体育表演点是最热闹的地方之一，观众跃跃欲试、欲罢不能，久久不愿离开。这是我第一次接触少数民族传统体育，也是我与少数民族传统体育的“初恋”。

笔者曾撰文《中华民族传统体育相关概念的辨析》、《论中华民族传统体育的分类》、《〈民间民俗体育〉学科体系构建研究》，拙文中专门就民族传统体育的相关概念以及“民族传统体育”同类课程名称进行了探讨。广西民族大学、吉首大学、湖北民族学院、云南师范大学、中央民族大学等该类课程建设相对完善的高校，对该类课程名称基本上定名为“民族传统体育”、“少数民族传统体育”。1997 年国务院学位委员会、国家教育部将中华民族传统体育列为一级学科“体育学”下的四个二级学科之一，国内一些体育院系建立起以武术和导引以养生气功为主要内容的中华民族传统体育学科理论体系，武术专业或武术系也改称民族传统体育专业或民族传统体育系。事实上，武术和导引养生气功只是内容丰富、形式多样、博大精深的中华民族传统体育的一部分，以武术和导引养生气功诠释民族传统体育的内涵恐难概以全貌，虽然，武术是中华民族传统体育最具代表性的项目。显而易见，建立起以武术和中华养生术为内容的中华民族传统体育课程体系是不完善的。中华民族传统体育浩瀚无边，1990 年的不完全统计有近千项，而号称最具影响力的奥运会也不过 28 个大项 300 个左右的小项。中华民族传统体育中除武术、导引养生气功以外还有相当多的内容，信手拈来：各民族的龙舟竞渡、舞狮、舞龙、摔跤、踩高跷、踢毽子、抽陀螺、滚铁环、苗族芦笙踩堂、满族珍珠球、黎族竹竿舞、壮族木板鞋、哈萨克族姑娘追、蒙古族贵由赤等，哪一项不是耳熟能详的？它与人们生产、生活更加贴近。愚以为，这部分内容称为“民族民间体育”更加贴切。所以，本书以《民族民间体育学》命名。

拙著只收录十三项民族民间体育项目，却斗胆冠以《民族民间体育学》之大名，非冒天下之大不韪，而实乃抛砖引玉之意。民族传统体育是一门年轻的学科，它成为一门独立的学科不过十几年时间，学科基础仍不完善，甚至连基本的概念还存在较大的争议，学科建设基础薄弱。民族民间体育课程是民族传统体育学科体系中的一门主要课程，虽然，党和政府十分重视民族文化的教育，教育部颁布实施的体育与健康课程标准也强调要将民间民俗体育纳入学校体育教育之中，但是，由于历史的原因（西方竞技体育一直是学校体育的“主角”），民族民间体育在学校的发展“举步维艰”，究其原因是多方面的，教材建设是一个重要的方面。随着学校体育课程改革的推进，民间民俗体育将会为更多的人接受，广西南宁市的体育中考，已经将踢毽子、投绣球等民族民间体育项目纳入考试内容之中，广西大学生运动会、中学生运动会中均已设置了民族民间体育项目的比赛，每年都有不少兄弟院校来我校考察交流，总之，一个不争的事实是越来越多的学校将民族民间体育纳入学校体育教学之中。如何选择一本通俗易懂、适用的民族民间体育教科书非常迫切。本书试图从这方面有所突破。

一方面，同类教材不多，屈指可数，另一方面，先前的教材过于注重各项目的技法和战术，过于繁文缛节，或理论方面过于简单，体现不出体育教学的直观、生动的特点。本教材将突出：增加理论篇的内容；技术篇各项目的选择以全国民运会竞赛项目为主，兼考虑不同地域项目的特点；各项目的文化背景部分将突出学术性；各项目的技术描述将简明扼要，通过增加大量动作图片，更直观的反映动作运动轨迹；增加各项目教学的“教法探讨”章节；增加各项目“场地、器材的改造”的内容。

由于教学的对象千差万别，教学时、空也不一样，所以，教学的手段与方法理应根据教学的具体条件设计，书中的“教法探讨”，只是给读者们的参考，不可完全复制。所以，我也斗胆地将自己的联系方式留了下来，就是希望有志同道合者，就民族民间传统体育方面的教学进行交流。

时光如梭，二十余年一晃而过。每每想起自己毫无建树、虚度光阴，心理就莫名刺痛，稍许宽慰的是对民族传统体育还有点热情与感情，虽没有挑灯夜战的“修炼”，却也享“涓涓之水，汇聚成河”的收获，经过长期的积累，拙著终于成形。笔者担任本课程的主讲教师，编写了适合我校教学特点的讲义，在本科学生和研究生中同时使用，该讲义在使用过程中不断优化和完善，除对部分内容做了调整，在文字方面也做了进一步提炼，使之更加精炼和顺通，达到了出版物的水平。

教材即将付梓，本应高兴才是，但此时，却深感惴惴不安，才疏学浅，恐难让本书实至名归。然而，稍许宽慰的是，我始终相信“勤能补拙”，或许，这方面能弥补部分的缺陷，所以，辛勤耕耘，不敢懈怠。在编写过程中，我是幸运的，得到了众多同事、朋友的支持；得到了学校的教材立项和出版经费资助；本书在出版过程中得到了学校教材科王艳清老师热心关怀与指导；书中动作演示者非常配合、尽心尽力；同事韦江华老师帮助拍摄了“毽球”一章的图片；研究生王利春同学也帮处理了一些资料；获得了全国高校教材学术著作出版审定委员会的资助；家人的支持非常重要，使我得以安心学问。俗话说：“众人拾柴火焰高”，有这么多方方面面的支持，我深感慰藉。在此，谨对各方的支持和关心深表谢意。

书中难免有错漏之处，恳请批评指正。

蒋东升

2014 年 5 月

于广西民族大学相思湖畔

作者简介：蒋东升，广西民族大学体育与健康科学学院教授，硕士生导师，《民族传统体育》课程主讲教师。广西高等学校专业类教学指导委员会专家成员、全国体育非物质文化遗产专家成员，九三学社社员。

长期从事民族传统体育的教学、训练和科研工作，在国内核心期刊、省级期刊上共发表论文 30 篇，主持完成编著 4 部，参编 7 部。获广西“自治区级教学成果”二等奖，多次被聘为广西区教育厅主办的“广西中小学校民族传统体育运动项目教师培训班”授课教师。指导运动队训练，代表广西参加了全国第八、九届少数民族传统体育运动会，取得优异成绩。

目 录

第一篇 理论篇

第二篇 实践篇

第一篇 理论篇

主要提要

本篇探讨了民族传统体育的概念及分类；民族体育的源起；特点；功能；我国各民族及其体育活动概略；我国历届全国少数民族传统体育运动会简介；我国少数民族传统体育运动会特色；探讨了《民族民间体育学》学科体系的构建意义以及学科的研究对象、任务、性质和内容。

第一章　中华民族传统体育文化

第一节　民族传统体育的起源

在历史的长河中，勤劳智慧的中华民族创造了内容丰富、意蕴深刻的民族体育文化。中华民族传统体育是中华民族宝贵的文化遗产，是我国各族人民在长期生产、生活等社会实践活的结晶，凝聚了民族的行为规范、价值取向、民族性格以及宗教、儒学等因素，是研究民族文化的“活化石”，是我国古代社会、政治、经济、文化的见证。学术界关于民族传统体育起源问题，主要有如下几种观点。

一、神灵崇拜与原始宗教信仰的需要

在古代，社会生产力水平非常低下，古代人生存在很大程度上依赖于自然的恩赐，面对威力巨大的自然灾害以及一些无法解释的自然现象，认为神在主宰世界，产生了对神灵的崇拜。在相当多的宗教仪式中，“手舞足蹈”的身体活动，成为人与神沟通的方式，这些以身体活动为基本方式祭祀仪式上的早期体育活动，在历史发展过程中，从巫术活动到宗教活动的渐变过程中得以传承和发展，并且伴随着各民族历史的演进而逐渐形成的民俗活动中，逐渐成为了必不可少的重要活动方式，实现巫术、宗教活动中由“娱神”到“娱人”的转变。随着社会的不断发展，早期的传统体育转化为各民族民俗活动之后，参与者追求身心的健康和娱乐、追求自我发展的体育价值特征逐渐得以彰显。瑶族长鼓舞、瑶族铜鼓舞、苗族爬坡杆、各民族的舞龙舞狮、彝族打磨秋等民族体育项目具有明显的宗教痕迹。还有很多民族传统体育项目，虽然不是直接缘起于神灵崇拜与原始宗教活动，但是，举行活动前的仪式却与神灵崇拜与原始宗教活动有密切联系，如壮族龙舟在比赛前要进行祭祖和祭龙仪式；壮族和侗族的抢花炮活动，虽然比赛前的仪式内涵不同，但是，却都是与神灵崇拜和原始宗教活动有关。

二、经济活动的需要

我国各民族具有悠久的历史和灿烂的民族文化，他们从事民族传统体育的历史也是源远流长，这些民族传统体育既是各民族古代文明的重要组成部分，也是世界文化宝库中不可分割的一部分。在自然经济时代，“大杂居小聚居”的居住状况、居住地之间交通不便，一般只在节日里相聚。许多传统的节庆集信仰、经济、社交、娱乐等多功能于一身，也是商人们难得的交易时节，有些体育活动及其节庆本身就是商人们出于商业活动的需要而创造出来的。为了增加节庆的欢乐气氛，一些娱乐与竞技活动在节庆活动中应运而生，如现代毽球娱乐就是广州商人为招徕客人在商埠进行踢毽活动

而逐渐演变而来。

三、民族体育源于生产、生活和军事训练

各少数民族在长期的生产、生活等社会实践中，逐步将生产生活中的身体活动形式，加工改造为休闲娱乐、强身健体的体育运动。京族人民在拉网捕鱼之余，运用晾晒鱼网的竹竿，跳起欢快的竹竿舞；广西都安一带的瑶族民众，模仿牛打架而创造了顶牛这项民间体育，模仿采桐果发明了喇叭球；水族人民则模仿采桐果发明了桐子镖这一体育项目；湘西土家族民众将平日里踩高跷加工改造成高脚马竞速。

古代的军事活动也是少数民族传统体育的源头之一。体育活动与冷兵器时代的军事活动一个明显的共同点就是身体活动，古代人将军事活动中的身体活动运用于生活之中，逐渐形成了一些体育活动。如壮族人民喜闻乐见的木板鞋，就是广西南丹县那地洲的瓦氏夫人奉命抗倭时期训练士兵的方法演变而来，瓦氏夫人命士兵同穿一对木板鞋进行训练，经过训练士兵们步调整齐、阵形严谨，军队的战斗力大为提高，后来在抗击倭寇的斗争中屡立战功。壮族人民为了纪念瓦氏夫人，就模仿训练中穿木板鞋进行庆祝活动，相沿成俗，木板鞋运动就在壮族民间广为流传了。一些武术项目直接来源于军事活动中，戚家拳就是抗倭名将戚继光所创，为了提高士兵的战斗力，他将战斗中的一些动作加工改造，用以训练士兵，久而久之，形成了系统的训练方法，命名为戚家拳。

四、种族繁衍的需要

中国有句俗语："食色性也"，得到食物和异性，是人的基本需求。在生产力极为低下的社会，性爱和觅食都是生活之大事。一是物质资料的生产，解决人们衣食住行等物质需求；二是人自身的生产，即种族的繁衍，使得人类得以延续。早在200多年前，进化论创始人达尔文在其《人类的由来及性选择》一书中阐述了性选择斗争对人类进化的意义。我国许多少数民族传统体育就与青年男女的婚恋有关。如哈萨克族的"姑娘追"和柯尔克孜族（吉尔吉斯族）的"追姑娘"活动最初都源于此需要：未婚青年男女骑着骏马三五成群，在体育游戏中寻找心仪的意中人。壮族的抛绣球则是由壮族青年男女在歌圩上挑选意中人活动演变而来。白裤瑶的打陀螺活动则为白裤瑶青年男女搭起相互交流的平台，每年的正月陀螺节，白裤瑶青年男女就聚集到圩上的陀螺赛场，小伙子们在场上尽情地展示自己的技艺，以博得姑娘们的青睐，姑娘们则在场上瞪大一双慧眼，寻找自己的意中人。

这种体育活动中的婚恋习俗的缘起，主要有两方面的原因：一方面，我国少数民族大多居住在环境恶劣的地区，资源匮乏与生存需要之间的矛盾导致居住分散，居住分散而又相对闭塞的环境中，体育活动为青年男女聚集交流提供了平台；另一方面，分布在恶劣自然环境中的少数民族的择偶观念便是注重男子强壮的身体和劳动能力，体育活动无疑为男子汉们展示"肌肉"提供了机会。

第二节　民族传统体育的概念与分类及其相关概念

一、民族传统体育的分类

（一）学术界对民族体育分类的观点

顾名思义，分类就是对事物的分门别类，对中华民族传统体育进行分类，有利理清其脉络，对于认识、理解中华民族传统体育具有积极的意义。

赵苏喆提出了按照民族传统体育的发展变化的程度，即它的发育状态将中华民族传统体育划分为："化石"型，即保留其原始的内容和形式，在古代盛行，而在近代已基本消亡的一些体育项目，如蹴鞠、木射、投壶等项目；原始型，即相对于其起源在内容和形式无明显改变的中华民族传统体育项目，如舞狮、彩莲船、连筲等民间技艺；发育期型，即相对于其早期形式有所改变的项目，如打陀螺、推竹竿等；较成熟型，即相对于其早期形式和内容有一定改变，制定了相应的规则，但不十分成熟或者有成熟的理论，但相对于其早期形式和内容无明显改变的体育项目；成熟型，即与早期形式有显著改变，已经融入现代竞技体育之中的项目或者社会化程度较高经过改造后的健身术。

张建雄、江月兰对民族传统体育概念相关问题进行分析后提出，中华民族传统体育包括汉民族传统体育和少数民族传统体育，民族传统体育通常包括传统导引、养生、健身、保健、医疗体育和民间传统体育。

刘德琼等对民族体育的概念进行了定义，提出："民族体育是包括汉民族在内的56个民族的传统体育活动，分为武术、气功和少数民族传统体育，又称中华民族传统体育。"

李鸿江从不同的角度将中华民族传统体育分为中国民族体育和中国传统体育。

曾于久等从宏观上认识传统体育的意义出发，就中华民族传统体育的内容和形式，将其分为竞技类、养生类、表演类和游乐类四种类型。

（二）逻辑学的分类理论

根据逻辑学的划分规则，对概念的划分必须遵循"划分标准必须对称，即划分后诸子项外延的总和，必须正好等于母项的外延"；"一次划分只能根据一个标准"；"划分后的诸子项必须互相排斥"。研究中华民族传统体育的分类，也必须遵循这一规则。

（三）民族传统体育的分类

我们认为，将中华民族传统体育分为以攻防技击为主要特征的武术、以"三调"为主要内容的导引养生气功、以摔法为动作特征的中华民族摔跤术和中国民间民俗体育。

故将除武术、导引养生术和中国摔跤术以外的那一部分体育活动命名为"民间民俗传统体育"比较确切，内容包括舞龙、舞狮、打陀螺、抖空竹、龙舟竞渡、跳秧歌、花鼓、腰鼓、抢花炮、珍珠球、高跷、木板鞋等项目。

二、民族传统体育的概念

中华民族传统体育是指以人体运动为基本手段，有目的、有意识地以人的身心发展为中心，达到发展身体、娱乐休闲、丰富文化生活、传承民族文化为目的，在我国56个民族中产生、传承的社会文化活动的总称。中华民族传统体育包括武术、导引养生术、中华摔跤术、中华民俗民间体育等内容。

三、民族传统体育的相关概念

直至近代，“体育”一词才逐渐在我国使用。将在我国广泛流传的各种身体活动冠之以体育内涵似乎有“张冠李戴”之嫌，民俗学界却将这类身体活动称为民间游戏与竞技。而考查在我国流传的各种身体活动的源流，虽然，它并非形式严肃的教育活动，历史上它也并非有目的的健身强体活动，它更多地以传承文化为旨意。然而，它无意识地承担了儿童教育功能却得到普遍认同，对其强身健体功能也不置可否，因而，体育界则冠之以“体育”之名。

在研究和实践中由中华民族传统体育派生出诸多相关概念，如民间体育、民俗体育、民族体育、少数民族体育等概念，有必要厘清它们的概念及相互之间的关系。

民间体育是指存在于广大民众的日常生活当中，没有高度组织化、制度化的体育活动；

传统体育是指人类业已创造的和将要创造的能够经由历史凝聚而传承、流变的一种特殊的体育文化形态；

民俗体育是由一定民众所创造，为一定民众所传承和享用，并融入和依附于民众日常生活的风俗习惯（如节日、礼仪等）之中的一种集体性、模式化、传统性、生活化的体育活动，它既是一种体育文化，也是一种生活文化；

民族体育是民族传统体育，它是反映并承载着一个民族共同心理素质的为该民族所传承和享用的一种特殊的传统体育文化，中华民族体育、少数民族体育都是民族体育的一种具体表现形式。

少数民族传统体育是指在少数民族间广泛流传的、具有主体民族的文化特性的各类身体活动的总称。与之相对应的概念是汉民族传统体育，顾名思义，汉民族传统体育是指源于汉民族、流传于汉民族的各种传统体育项目的总称。其实，在历史的长河中，汉民族与各少数民族、各少数民族间的文化相互交流与融合，我国许多传统体育项目在汉族与部分少数民族间开展，如龙舟、舞龙、舞狮、打陀螺等传统体育项目，在多个民族间广为流传。

它们之间的关系是：民间体育由传统体育和非传统体育组成，传统体育又可分为民俗体育和民族体育，民俗体育和民族体育互有交叉，但两者并不等同，而是并列的关系，中华民族传统体育包括汉民族传统体育和少数民族传统体育，是在我国广为流传、具有中华民族传统文化特性的各类体育活动的总称。

第三节 民族传统体育的一般特征

一、历史性与传承性

我国民族传统体育文化历史悠久，早在原始社会时期，我国就出现了体育的萌芽。

西周时，“礼，乐，射，御，书，数”六艺已成为学校传授的内容，其中，“射、御”就是传统体育形式，当时，被当作一种技艺在学校中进行传授，说明了它们在当时社会生活中的重要性。春秋时代，弄丸、投壶、围棋、象棋等项目相继出现。唐代，击鞠即马球运动是最为流行的一项运动。宋代蹴鞠相当流行，不管是民间还是宫廷，宋人喜爱蹴鞠，宋人高俅因善蹴鞠而官至衙内。1987年原国家民委组织部分体育、民族专家历时四年收集了包括智力游戏在内的近千项民族体育项目，经调查，这些项目都具有上百年乃至上千年的历史，我国民族传统体育历经历史的洗礼，流传至今。

二、民族性与宗教性

在长期的生产、生活等社会实践活动中，各民族创造了灿烂的体育文化。由于不同民族居住地域、生产活动、生活习俗、宗教信仰、社会规范、价值取向、社会组织等不同，我国民族体育文化也表现出文化的多元性和内容的丰富性。无论是哪个民族，所创造的体育都受所处条件的影响，其思想内涵到表现形式都呈现显著的民族风格，具有浓郁的民族性。我国民族传统体育内容丰富，多姿多彩，几乎每个民族都有自己的传统体育项目，每个民族的体育都有独特的民族风格和浓郁的民族色彩。从北方草原的赛马到水乡江南的龙舟竞渡，从西部戈壁的娲庄到东部沿海的养生，无不体现了我国不同民族间风格各异的民族传统体育，纵观这些千姿百态、风格各异的民族形式的体育项目，在历史长河中，由于历史、宗教、语言、经济、心理、道德和价值观念的差异，各个民族的体育民族特点十分显著。

许多少数民族的传统体育活动受到宗教观念的影响，有些项目甚至直接来源于宗教仪式。在中华民族发展的过程中，在相当长的一个时期内，人们对自然的认识相当肤浅，面对自然灾害和一些无法解释的自然现象，企图通过一些仪式讨好神灵，达到“人与神”的和谐，一些宗教仪式应运而生，成为人与神沟通的平台，身体活动往往是宗教仪式中重要的内容，成为人向神“献媚”的方式，久而久之，这些身体活动逐渐演变成体育活动。相传纳西族的东巴跳、苗族爬坡杆、黎族的跳竹竿、壮族的蚂拐舞、土家族的摆手舞、回族的拳术、瑶族的长鼓舞、彝族的打磨秋等项目都来源于宗教活动，具有浓郁的宗教色彩。

三、生产、生活性与教育性

我国早期社会生产力低下，口传身教生产生活的技能成为教育的一种重要形式。民族传统体育的教育性，一方面体现在生产、生活中形成的技术的传授，人类早期的目标，就是求食图存，在思考如何高效率地采集食物过程中，原始教育活动应运而生，他们在空闲时间将在生产、生活等社会实践中形成的经验和技能传授给下一代，一部分技能就是原始体育的雏形；另一方面民族传统体育的教育性，作为一种重要社会文化活动的延续。我国早期社会教育水平低下，教育普及率低，相当部分少数民族没有自己的文字，民间文化往往依靠民间社会活动传承，身体活动就成了这种社会活动的主要的载体和平台。考查我国民族传统体育文化，就会发现许多传统体育为传承传统文化发挥了重要的作用，使许多民间文化得以延续。瑶王节是瑶族人民纪念祖先盘王的节日，节日中必跳长鼓舞，从此也形成了“瑶不离鼓”的习俗，虽然长鼓舞只是“记载”

盘王殉难的"情形"，但却承载了瑶族祖先创业的艰难，表达了瑶族人民对盘王的怀念之情，长鼓舞的内涵正在于此，可以说，瑶族长鼓舞将这一文化内涵延续至今，成为瑶族文化传承的载体。

民族传统体育作为一种传统文化的一部分，是一种复杂的文化现象，它的发生、发展与主体民族的环境有关，部分民族传统体育就直接来源于生产生活之中，具有浓郁生产、生活性，形式、内涵非常接生产、生活。

四、文化的融合性与多样性

我国有56个民族，"56个民族，56朵花"。在漫长的历史发展过程中，各族人民创造了丰富多彩的体育文化，目前，我国已整理出的民族形式的体育项目有一千多项，打陀螺、抖空竹、老鹰抓小鸡、舞龙、舞狮、跳格子、"打懒老婆"、赛马、跳竹竿，这些耳熟能详的传统体育项目，体现了从南方壮族到北方蒙古族，从人口占90%以上的汉族到只有3万人的京族体育文化的多样性，民族传统体育的多样性，不仅体现在丰富内容、种类繁多、形式多样上，还体现出文化内涵的多样性，每一项传统体育活动，反映的是主体民族政治、经济、文化、宗教、社会规范以及民族的价值取向，文化意蕴丰富。

我国体育文化因环境等因素的多样化而呈现丰富的多元状态。然而，历史文明的进程，离不开文化的交流与融合，随着社会的发展和人类的文明进步，我国各民族间的文化交流与融合日益增加，作为传统文化重要组成部分的体育文化的交流也不例外，我国许多不同民族拥有相同的传统体育项目，虽然，部分同一传统体育项目在不同民族间有不同的文化内涵，例如龙舟、舞龙、舞狮、打陀螺、过家家、老鹰抓小鸡等，但是在运动形式等方面也无不打下了同源性的烙印，正如学者吉成名所说的，崇龙本来是汉族的民间信仰习俗，少数民族受汉族文化的影响，他们也形成了各自独特的崇龙习俗。

五、地域性与季节性

俗话说："一方水土养一方人"，就说明了不同地域形成的文化习俗也不尽相同。我国地域辽阔，东西南北横纵相距数千公里，因此，也形成了不同的地理特征，东部一泻平原，水资源丰富，西部戈壁荒漠，雨水稀少；北方茫茫草原一望无际，南方山清水秀，丘陵纵横。不同的居住环境、不同的气候特征所导致的不同的生产生活，培育了不同的民族习俗、不同的民族性格以及不同的价值观、审美情趣等，从而创造了多姿多彩而又各具特色的民族传统体育项目。如：江南水乡的竞渡，北国黑土地的冰嬉，大漠的赛驼，草原的赛马，丛林的射弩等，无不保留着不同地理条件下一定的生产生活方式的烙印。即使是同一项目，也呈现出不同的地域特点，南方壮族的赛矮马、山区苗族的赛马，让我们感受到南方的细腻与力量，而北方茫茫草原的赛马，却让我们感受到浩大与气势，同样，八百里水乡洞庭湖气势磅礴的龙舟赛，与一望无际、波涛汹涌的海上龙舟，在心理、视觉上给我们迥然各异的感受。

中国传统文化是农耕文明的"遗物"，民族传统体育与农耕文化息息相关。在以农业生产为主的少数民族地区，春种、夏锄、秋收、冬藏是人们的生活节奏，从而使他们的文化生活习俗都与一定的季节有关。许多民族体育活动往往源于某一农时节令，并在该节令中开展。如壮族农历二月初八的“龙抬头”节，预示雨季来临，万物始发，这一天，壮族小伙子就要在抢花炮活动中展示自己的身手，抢到花炮者寓意这一年人丁兴旺、五谷丰登。又如傣族的泼水节，苗族的赶秋节，蒙古族的那达慕，高山族的丰年祭等活动，都有民俗民节和传统体育活动的内容，从而使民族传统体育活动的开展呈现出鲜明的季节性。

第四节 民族传统体育的功能

一、民族凝聚功能

在历史的长河中，我国各民族创造了种类繁多、内容丰富多彩的传统体育活动，目前统计已超过千项，其中，有许多传统体育项目与祖先崇拜、英雄崇拜有密切的关联。龙舟竞渡传说是纪念爱国诗人屈原而缘起，数千年来，龙舟运动已成为弘扬民族文化，进行爱国主义教育的优秀“教材”；爬坡杆是纪念苗族英雄孟子佑的活动中进行的一项体育项目，通过跳坡节的爬坡杆活动，重新唤起苗族人民对英雄的记忆；又如瑶族的长鼓舞、猴鼓舞、铜鼓舞，从内容上看，这些源自祭祀的瑶族传统体育是追忆“盘王”“密洛陀”等瑶族先祖的仪式，但是具体的动作，是瑶族社会生产、生活的符号，再现了瑶族生产、生活的情境，如广西金秀县长鼓舞有36套做屋长鼓舞、72套赶羊做鼓长鼓舞等，艺术、形象地展示了瑶族人民的生产、生活，可以说是瑶族文化的一部活画卷，是后人了解瑶族文化的途径，通过体育活动表演的这一平台，形成瑶族同胞对本民族文化的认同。另一方面，通过舞蹈这种体育形式祭祀和追忆自己的祖先，强化的是本民族共同的精神寄托，强调的是对本民族共同心理、共同意志、共同愿望的认同。对增进民族认同感，增强民族凝聚力无疑具有重要的意义。

二、文化传承功能

实际上，我国民族传统体育更多的是以传承民族文化为目的。这种文化传承功能，在一些与宗教、生产生活有密切联系的传统体育文化中得到充分的反映。我国民族传统体育文化所蕴涵的内涵主要体现在传统体育对待人与自然、人与人、人与社会的关系。在历史的长河中，华夏民族创造了丰富多彩的体育物质文化，每一种体育物器、每一种活动方式无不凝聚了劳动人民的智慧。许多传统体育往往有一个传说，每个传说都蕴涵了深刻文化的内涵。划龙舟表达了人们对爱国诗人屈原的怀念，跳长鼓舞表达了瑶族人民对先祖的缅怀，打陀螺则是白裤瑶支系民族同胞对他们民族英雄的无限怀念，劳动人民的智慧、情感、认识、宗教、自豪感等无声无息地镶入传统体育文化之中，凝聚民族文化的传统体育，又通过身体活动的方式进行传承，正是通过体育活动的形式一代一代流传至今，使传统文化世代相传，绵延不断。另一方面，通过体育形式，各民族生产、生活技能得以传承，打猎操、喇叭球、采珍珠、踩高跷是生产、生活活动的总结，先辈们通过体育活动将生产技能传授给年青一代。

三、道德规范功能

民族传统体育是我国各族人民在长期的社会实践中的智慧结晶，凝聚了各民族情感、意志，是主体民族社会的一面旗帜，有的主题表现了劳动人民反抗压迫、反抗剥削的精神，寄托了劳动人民战胜黑暗的强烈愿望和对幸福美好生活的向往；有的主题则是生产、生活的写照，反映了各族同胞怡然自得的生活。所以，我国传统体育文化不仅蕴涵着深刻的象征意义，也是各民族社会秩序的再现，民族传统体育文化中仪式、戒规等内容，这种秩序既有社会性的也有生活性的，它要求人们既要遵守社会秩序，也要遵循自然生活规律，否则就要受到惩处，当然这种不只限于法治，还有道德、习俗、自然的惩处。另外，一部分传统体育文化中蕴涵保家卫国、尊老爱幼、相互帮助以及弘扬真、善、美的规范性品质教育的内涵，从而形成良好的意志品德。

四、健身、娱乐功能

民族传统体育不仅是主体民族对美好理想的精神寄托，也是他们满足生理冲动、强身健体的恰当方式，是主体民族身心娱乐的选择。首先，民族传统体育是一种身体活动，既有动作古朴独特、粗犷豪放、节奏强烈的运动形式，又有竞技较力游戏活动，人们在愉悦身心的身体活动中，不仅通过承受一定身体负荷达到发展身体、增强体质的作用，还可以在活动中移动、跳跃、闪转腾挪发展身体素质，舞龙、舞狮、划龙舟、抢花炮、珍珠球等都是剧烈的身体活动，较大的动作幅度，需要消耗大量的能量，通过长期的锻炼，对人体的运动系统、循环系统、消化系统等均具有良好的促进作用。

同时基于体育活动本身的娱乐性，人们通过参与这些体育活动，达到调节情绪、愉悦身心的功效，因此，民族传统体育具有较高的健身价值和娱乐功能。跳竹竿、老鹰抓小鸡、抖空竹娱乐性较强，已成为人们喜闻乐见的传统体育项目。

第五节　丰富多彩的民族传统体育概览

一、我国56个民族简介及其传统体育

蒙古族：据2005年全国第五次人口普查结果，蒙古族有人口581.4万人，其中有400多万居住在内蒙古自治区，其余主要分布在新疆、辽宁、吉林、黑龙江、甘肃、青海、河北等省、自治区的各蒙古族自治州、县。此外，还有少数蒙古族聚居或散居在宁夏、河南、四川、云南、北京等省、市、自治区。

主要的传统体育项目有：蒙古式摔跤、赛马、马术、赛骆驼、射箭、打布鲁、套马、贵由赤、击石球、布木格、打唠唠球、沙塔拉、踢牛嘎嘎拉哈、鲍格棋。

回族：回族是我国人口较多的一个少数民族，总人口981.68万（2000年，不包括台湾省），全国的31个省、自治区、直辖市均有分布。宁夏回族自治区是回族主要聚居区，居住在该地区的回族人口186.25万。

主要的传统体育项目有：打铆球、木球、打抛俩、打梭儿、打抛、打得拷、晴球、

洒蛋蛋、打石头、踢毛毽、踢毽、拔河、掼牛、拔腰、摔跤、抱小腰、打杈杨、对棍、花式摔跤、顺风扯旗、掷子、中幡、赛马、擢扦、方旗、跳格、跳皮筋、扔包、赶老牛、斗鸡赛、滑冰车、打砖、弹腿、回尾七势、回回十八肘、护身拳、通备拳、白猿通背拳、八极拳、查拳、明把枪、心意六合拳、八门拳、八门驷拳、环子锤、汤瓶拳、十三太金气功。

藏族：我国藏族总人口约550万，主要分布在我国西藏自治区和青海、甘肃、四川、云南等省区。

主要的传统体育项目有：赛牦牛、赛马、马术、跑马打枪、骑马点火枪、射箭、射击、藏棋、尼格尔、吉布杰曾、和尚棋、甲彼得雪、“略之把”棋、加哲、拔腰、大象拔河、朵加、举皮袋、赶喽喽、吉韧、娃郎得、击球、俄尔多、打牛角、套圈、跳高、跳绳、游泳、风筝、蹬棍、射碧秀。

维吾尔族：维吾尔族总人口约为840万人，主要聚居在新疆维吾尔自治区，居住在新疆的维吾尔族占全国维吾尔族总人口的99.4%。此外，在我国湖南省桃源县和河南省渑池县，也有少量维吾尔族分布。

主要的传统体育项目有：达瓦牧、萨哈尔地、切里西、赛马、叼羊、射箭、帕卜牧、打嘎儿、奥都卡儿、顶瓜竞走、抢花帽。

苗族：苗族人口约900万，在我国56个民族中仅次于汉、壮、满、回，位居第五位。全国各省、自治区、直辖市均有苗族分布，主要分布在贵州、湖南、云南、重庆、广西等省、直辖市、自治区。其中贵州省苗族人口最多，有430万人，占全国苗族总人口近一半，苗族人口的分布特点是小聚居、大杂居。

主要的传统体育项目有：秋千、划龙舟、爬坡杆、爬花扦、上刀梯、手毽（麻古）、掷鸡毛、赛马、跳鼓、猴儿鼓舞、拄鼓、踢毛菌、接龙舞、舞狮、跳狮子、打泥脚、打禾鸡、踢角架、布球、打草蛇、穿针赛跑、织麻赛跑、穿花衣、花裙赛跑、摔跤、踢枕头、芦笙刀、射弩、射背牌、打花棍、金钱棍、舞吉保、苗拳、蚩龙拳。

彝族：2000年全国人口普查显示，彝族人口776万，主要分布在云南、四川、贵州、广西四省（区）。彝族主要分布于云南省，云南有405万彝族人，四川212万人，贵州约有彝族70万人，广西壮族自治区7000多人，聚居在隆林、那坡两县。其余分散在全国各地。

主要的传统体育项目有：摔跤、赛马、射弩、射箭、互布吉则、皮风子、陀螺、磨秋、跳火绳、跳牛、跳板凳、跳小单门、跳大单门、棕球、水包团、皮球窝、撒实威威、青木咱拉、十六赶将军、月亮棋、吉菠基伸、没渡比拉、字过阿勒难、跳大海、耍龙、耍狮子、老虎抢蛋、日尔嘎、竿术、顶头、抵肩、对手拉、扭扁担和顶扁担、抽尔满古。

拉祜族：拉祜族总人口为45万，在全国大部分省、自治区、直辖市中有分布，其中云南省有44.76万人，占拉祜族总人口的98.66%。云南澜沧是全国唯一的拉祜族自治县。拉祜族人口在云南省以外的地区数量都不太多，人口在1000人以上的只有山东和河南两省。另外，作为跨界民族，缅甸、泰国、越南、老挝等国家也有16万多拉祜人居住。

主要的传统体育项目有：射弩、腊沙毕、卡扒、打马桩、投茅、鸡毛球、丢包、嘎克依、峨达（拔河）、迈切切、扁达、阿浅、嘎水嘎都、卡扎吸峨、哈呜郭、瓦逮、贾祖巴、扎底嘎打、拳术、器械。

水族：水族总人口40万，主要生息于黔桂交界的龙江、都柳江上游地带，贵州省黔南的三都水族自治县、荔波、独山、都匀等县市为主要居住区，黔东南的榕江、丹寨、雷山、从江、黎平等县为主要散居区，此外在广西北部的河池、南丹、环江、融水等县市以及云南省富源县也有水族村落分布。

主要的传统体育项目有：赛马、狮子登高、翻桌子、水族武术、桐子镖、捞火球、拾天灯。

东乡族：我国有东乡族51万，主要聚居在甘肃省临夏回族自治州境内洮河以西、大夏河以东和黄河以南的山麓地带。新中国成立后，部分东乡族从甘肃迁徙到新疆居住，目前新疆的东乡族约五六万人。

主要的传统体育项目有：赛马、压走马压走骡比赛、巴哈邦地、咭咕杜、跑火把、三连石击目标、一马三箭、当尕达至拿竿、打鞭子比赛、羊皮筏子羊皮袋牛皮袋竞渡、骑木划水、夹木过河、人牛泗渡。

纳西族：纳西族现有人口约为31万，主要分布于云南省滇西北的丽江市。四川省纳西族有近9000人，主要分布在凉山彝族自治州、攀枝花市和甘孜藏族自治州。

主要的传统体育项目有：东巴跳、秋千、赛马、占占棋、飞石锁、丽江球、跑罐子偷狐儿、拔拔拉、内窝扑。

景颇族：景颇族总人口约为13万，主要聚居于云南省德宏傣族景颇族自治州，德宏州境内的景颇族人口有12万多人，占景颇族总人口的95.86%。

主要的传统体育项目有：火枪射击、爬滑竿、拉拉、扭竿、顶竿、秋千、跳高、摔跤、蛇儿、赶猪、走子棋、刀术。

柯尔克孜族：我国柯尔克孜族人口共有16余万，其中，近80%聚居于新疆维吾尔自治区西南部的克孜勒苏柯尔克孜自治州，此外，在黑龙江省富裕县五家子屯也有数百人聚居，是18世纪从新疆迁去的。

主要的传统体育项目有：追姑娘、飞马拾阴、叼羊、走马、射元宝、狩猎、奥塔热希、马背拔河、跨驼比武、月下赛跑、奥尔达、昂克尔代克、二人翻、科力布卡、莫西拉西、二人秋、包考、“狼吃羊”棋、交安尼希、奥尔托托甫、阔容铁、棒击球、阿尔罕哈尔提希。

土族：土族总人口为20多万，主要聚居在青海互助土族自治县。青海的民和、大通以及甘肃的天祝藏族自治县也有分布。

主要的传统体育项目有：轮子秋、拉棍、拔腰。

达斡尔族：达斡尔族人口约10万人，主要居住在嫩江两岸，其中，居住在内蒙古自治区的约有6万余人，其余的分布在黑龙江省的爱晖、龙江、齐齐哈尔市效等地，有少数公布在新疆维吾尔自治区塔城县。主要从事农业和畜牧业，擅长狩猎、采集等副业生产。

主要的传统体育项目有：波依阔、颈力、射箭、赛马、摔跤、寻棒、滑雪、萨克、陶力棒、掷坑、打枕头。

仫佬族：仫佬族有约20万。主要分布在广西壮族自治区，贵州省也有分布。在广西壮族自治区，多数聚居在罗城仫佬族自治县，广西忻城、宜山、柳城、都安、环江、河池、融水、融安等县，贵州省麻江、凯里、黄平、都匀、福泉等县亦有分布。

主要的传统体育项目有：游泳、抢花炮、打篾球、玩花龙、打灰包、象步虎掌。

羌族：羌族总人口约为30万。主要分布在四川省阿坝藏族羌族自治州和绵阳市的北川羌族自治县，其余散居于四川省甘孜藏族自治州的丹巴县、绵阳市的平武县以及贵州省江口县、石阡县。大多数羌族聚居于高山或半山地带，少数分布在公路沿线各城镇附近，与藏、汉、回等族人民杂居。自称“尔玛”或“尔咩”，意为“本地人”。

主要的传统体育项目有：推扦、摔跤、射箭、观音秋、扭根子、跳盔甲。

布朗族：我国布朗族总人口为9万多人，主要分布在云南省西部及西南部沿边地区。

主要的传统体育项目有：藤球、五都、斗鸡、爬杆、射箭、跑马。

壮族：壮族是我国少数民族中人口最多的一个民族，总人口1700多万。在全国的31个省、自治区、直辖市中均有分布，主要聚居于广西、广东、云南和贵州等省区。居住在广西的壮族人口达1400多万，占壮族总人口的90%左右。壮族居住的地方，基本上连接成一片，大部分聚居，也有相当一部分和汉、瑶、苗、侗、仫佬、毛南、水等族杂居。

其传统体育项目有：抛绣球、抢花炮、特朗、舂榔争蛙、打陀螺、跳花灯、打手毽、磨秋、舞狮、芭芒燕、打拐、扒龙船、赶猪进城、踩风车、跳斑鸠、翡翠舞、射柳、拔腰、翻歪涧、虎抢羊、搭人山、蚂拐刀、蚂拐棍、北拳、洪拳、烟筒花、拾天灯、跳桌、打阳台、木板鞋、撩球、壮拳。

布依族：我国布依族人口约300万，主要分布在黔、滇、川等省，其中以贵州省的布依族人口最多，占全国布依族人口的97%。

主要的传统体育项目有：丢花包、花滚舞、打陀螺、划竹排比赛、秋千、赛马、耍狮、铁链械。

朝鲜族：2000年我国人口普查朝鲜族人口为190万，主要分布在黑、吉、辽东北三省，其中，吉林省朝鲜族人口最多，为110多万。此外，北京、山东、内蒙古、河北、天津等地散杂居着少数朝鲜族。

朝鲜族主要的传统体育项目有：摔跤、荡秋千、跳板、顶罐走、高丽象棋、铁链极、投鹘。

满族：满族人口约为1100万，是我国第二大少数民族，人口仅次于汉族和壮族。主要居住在辽宁、河北、黑龙江、吉林和内蒙古自治区、北京等省、自治区、直辖市，全国各地均有分布。

主要的传统体育项目有：冰嬉、双飞舞、溜冰车、溜冰、打冰嘎、雪地走、采珍珠、射箭、步射、追射、射柳条、射香火、射鹞子、射米团、射簇、射兔、立射、举重石（刀）、摔跤、跳马、跳骆驼、狩猎、赛威呼、放风筝、满族秋千、骑马战（赛马）、跑马城、绳飞（跳向索）、踢毽、踢石球、赶石弹、击石球、桦皮篓、插鸡尾翎、打牛毛球、马 球、夹兽 跳、铜锣球、玩嘎拉哈、拉地弓、中幡、穿树林、掷子。

侗族：2000年我国人口普查侗族人口为290万左右，分布于黔、湘、桂等地，其中，贵州省黔东南苗族侗族自治州是我国侗族最大的聚居地，侗族人口有121万，占全国侗族总人口的40.8%。

其主要的传统体育项目有：抢花炮、哆毽、踩石轮、草球、骑木马、学斗牛、舞龙头、耍春牛、踩芦笙、投火把、摔跤、三三棋、侗拳。

瑶族：中国瑶族共有260万人，分布在我国南方广西、湖南、广东、云南、贵州和江西五省（区）的130多个县里，其中以广西为最多，有近150万人，约占全国瑶族总数的55.8%。

主要的传统体育项目有：毛莱球、人龙、播公、打陀螺、独木滑水、独木桥、对顶木竿、瑶拳、顶牛、喇叭球、长鼓舞、铜鼓舞、黄泥鼓舞。

土家族：土家族总人口为800万人，主要分布在我国湘、鄂、渝、黔交界地带的武陵山区。

主要的传统体育项目有：打飞棒、踢毽子、抢贡鸡、扁担劲、抢磨盘赛跑、抵竿、跑泽田、打撑腰、肉莲花、撒尔嗬、秋千、打磨秋、摇旱船、舞板凳龙、舞草地龙、地龙、双虎凳、跳红灯、脚踩独木、穿急流、拔地功、攀藤、撑杆跳远、倒挂金钩、马石马棋、高脚马、跳马儿、抢蛋、拉头巾、踏木桩、潜水游戏、漂滩、凌云子、凌环、栋子、搂腰带、举石、土家族武术、阳桩、耍石碗、护身耙、火棍、鸡形拳、虎占山棰。

哈尼族：哈尼族人口共有150万余人，绝大部分集中分布于云南南部元江（红河）、澜沧江两江的中间地带，哈尼族分布区域，处于汉、彝、白、傣、拉祜等族分布地的中间地带，并有苗、瑶、回、壮等族分布其间。红河哈尼族彝族自治州居住着70多万哈尼族人，是哈尼族最集中的地区。

主要的传统体育项目有：磨秋、打陀螺、摔跤、赛蒙抬（踩高跷）、打石头架。

哈萨克族：哈萨克族人口约130万，主要分布在新疆维吾尔自治区伊犁地区，甘肃、青海亦有少量分布。

主要的传统体育项目有：叼羊、赛马、姑娘追、摔跤、掷白骨头、躺倒拔河、拍打毛线球。

傣族：傣族人口有约120万，主要聚居在云南省西双版纳傣族自治州、德宏傣族景颇族自治州以及耿马和孟连两个自治县。

主要的传统体育项目有：赛龙舟、象角鼓对踢、丢包、藤球、跳竹竿、打陀螺、赛舟、青蛙赛跑、鸭子赛跑、游泳、跳水、傣拳、堆沙、傣族武术。

黎族：黎族现有人口约130万。主要聚居在海南省，贵州等省也有少量分布。

主要的传统体育项目有：卡咯（又称跳竹竿、打柴舞）、打花棍、打狗归坡、盖洌、钱铃双刀、射箭、粉枪射击。

傈僳族：傈僳族人口约70万，主要聚居在云南省西北部怒江傈僳族自治州、迪庆藏族自治州以及四川省的凉山彝族自治州和攀枝花市，全国其他地区也有零星分布。他们多数与汉、白、彝、纳西等民族相杂居，形成大分散、小聚居的特点。

主要的传统体育项目有：弩弓射击、泥弹弓、尼昂急、傈德、德细来火、逮来火、爬树、爬竹竿、拉肚夺、扭扁担、划爬子比赛、拉绳、爬绳比赛、四方拔河、皮球得来火、皮球丢、赖地、背什、跳竹竿、跳牛、滑板子、投掷。

佤族：佤族有约40万人，主要分布在云南省西南部，在佤族主要分布的地区，除了汉族之外，还有彝族、傣族、哈尼族、拉祜族、布朗族、德昂族、景颇族、傈僳族等少数民族。

主要的传统体育项目有：射弩、布隆、陀螺、爬竿、牛尿泡球、布球、藤球、莫海亚、能顿、重章撒、顶竿、卓威达威。

畲族：我国畲族总人口70余万，分布在闽、浙、赣、粤、黔、皖、湘七省80多个县（市）内的部分山区，其中90%以上居住在福建、浙江广大山区。

主要的传统体育项目有：操石磉、打尺寸、抢山猪头、赛海马、斗牛、站桩、虎抓羊、打野战、舞铃刀、畲族拳。

高山族：居住在台湾的少数民族，是我国统一多民族大家庭中不可分割的一部分，我国政府以“高山族”为其正式族称，台湾当局则称其为“原住民”。

据2004年台湾行政主管部门统计，台湾“原住民”共有约45万人，占台湾总人口的2%左右，此外，根据祖国大陆第五次人口普查统计，高山族还有红4500人散居在祖国大陆的福建、武汉、北京、上海、南京、山东和安徽等地。

主要的传统体育项目有：竿球、背篓球、斗走、射猎、竹摔、斗力、顶壶竞走、拉竿、拔河、舞狮、弄龙、龙舟竞渡、风筝、钱仔球、秋千、头目棋。

撒拉族：撒拉族总人口有 10 万，主要分布在青海省、甘肃省、新疆维吾尔自治区。其中青海和甘肃两省撒拉族共有 9.88 万人，占总人口的 94.57%。

主要的传统体育项目有：拔腰、打缸、打蚂蚱、打日斗来、蹬棍、放木筏、赛马、游泳、骑术、溜道滑柴。

毛南族：毛南族总人口数为 10 万人。主要聚居在广西环江县，约占全国毛南族总人口的 55%。

主要的传统体育项目有：同嗔、同顶、同背、同拼、石担和石锁、抛沙袋、三棋、射棋、围母棋（母子棋）、簸箕棋、牛角棋、箭棋。

仡佬族：仡佬族总人口为 58 万，其中 96.49%（即 55.90 万人）集中聚居在贵州省北部的务川和道真两个仡佬族苗族自治县和石阡县，广西壮族自治区也有少数分布。

主要的传统体育项目有：打篾鸡蛋球、打花龙、高台舞狮。

锡伯族：锡伯族是我国少数民族中历史悠久的古老民族。锡伯族总人口为约 20 余万，其中居住在辽宁省有 13 万，新疆维吾尔自治区 3 万多，黑龙江省约 9000 人，吉林省、内蒙古自治区各 3000 多，北京、上海、陕西省亦有少量分布。

主要的传统体育项目有：射箭、摔跤、欻嘎拉哈、滑冰、打瓦、踢熊头、打螃蟹。

阿昌族：阿昌族为云南省特有，总人口为 35000（2000 年），主要分布于云南省德宏傣族景颇族自治州，此外，在邻国缅甸也有部分阿昌族分布。

主要的传统体育项目有：要象龙、荡秋、车秋、射弩、蹬窝罗、猫顿过、阿昌拳术、晃顿过、跳高、赛跑。

塔吉克族：塔吉克族总人口为 4 万，60%聚居在于新疆塔什库尔干塔吉克自治县。

主要的传统体育项目有：叼羊、赛马。

怒族：我国的怒族共有约 2 万人，主要分布在云南省怒江傈僳族自治州、迪庆藏族自治州，与傈僳族、独龙族、藏族、白族、汉族、纳西族等民族交错杂居。怒族也是一个跨国而居的民族，在邻国缅甸有 3 万多人。

主要的传统体育项目有：溜索、跳竹、怒球、虎熊抢石头、踢脚（脚斗）、划猪槽船、滑草、摔跤。

乌孜别克：乌孜别克族总人口为 15000，散居在新疆维吾尔自治区许多县、市。

主要的传统体育项目有：与维吾尔族、哈萨克族同。

俄罗斯族：我国的俄罗斯族共有15000多人，散居在新疆、内蒙古、黑龙江、北京等地，内蒙古呼伦贝尔市所辖额尔古纳市的室韦俄罗斯族民族乡，是我国唯一的俄罗斯族民族乡，有俄罗斯族1000多人。

主要的传统体育项目有：嘎里克特。

鄂温克族：鄂温克族共有3万人，主要分布在内蒙古自治区，黑龙江省也有少量分布。

主要的传统体育项目有：套马、狩猎、滑雪。

德昂族：德昂族是我国人口较少的民族之一，德昂族共约18000人，主要分于云南省的保山市、德宏傣族景颇族自治州等地。

主要的传统体育项目有：射弩、梅花拳、左拳。

保安族：保安族是我国人口较少民族之一，总人口约17000人。聚居在甘肃省临夏回族自治州，青海、新疆等地亦有少量分布。

主要的传统体育项目有：抹棋、夺腰刀、抱腰、拔腰、甩抛尕、打石头、羊皮筏竞渡。

裕固族：裕固族人口共有13000多人，主要聚居在甘肃省肃南裕固族自治县和酒泉黄泥堡地区。

主要的传统体育项目有：赛马、摔跤、射箭、赛骆驼、打蚂蚱、浩尔畏、拉棍、老熊抢石头、滑草、拉姆、网石。

鄂伦春族：鄂伦春族是世居我国东北部地区的人口最少的民族之一，鄂伦春族人口为8000多人。鄂伦春族主要分布在内蒙古自治区呼伦贝尔盟和黑龙江省北部地区。

主要的传统体育项目有：射击、夏巴、耶路里得楞、皮爬犁、乌木僳欠、毛皮球、撑杆跳、滑雪、斗砖、塔理僳、尼开米那基塔尔格僳。

赫哲族：赫哲族是我国人口较少民族之一,共4600多人（2000年）,分布于黑龙江、松花江、乌苏里江交汇构成的三江平原和完达山余脉。

主要的传统体育项目有：叉草球、叉草人、射箭、击木轮赛、恰尔奇刻、夺万岁、快马子比赛、冰磨。

门巴族：门巴族总人口共有约9000人（2000年），主要分布在我国西藏自治区东南部的门隅和墨脱地区，错那县的勒布是门巴族的主要聚居区。

主要的传统体育项目有：狩猎。

珞巴族：珞巴族总人口约3000人（2000年），分布在西藏自治区。

主要的传统体育项目有：射箭、碧秀（响箭）。

基诺族：基诺族总人口为 2 万人，主要聚居于云南省西双版纳傣族自治州。

主要的传统体育项目有：跳嘎、竹竿比赛、羊打架、高跷、摔跤、藤条拔河、游泳、射弩、射箭、打猫毛球、泥弹弓。

白族：白族总人口有 180 多万人（2000 年）。主要分布在云南、贵州、湖南等省，其中以云南省的白族人口最多，四川省、重庆市等地也有分布。

主要的传统体育项目有：赛马、赛龙舟、霸王鞭、秋千、仗鼓、登山、耍火龙、打陀螺、跳伟登、跳火把、人拉人（拔河）、老虎跳、跳花棚、河海龙船。

普米族：现有人口有 34000 多人，主要分布于云南，云南普米族人口占全国普米族总人口的 97.99%。除云南外，还在全国 30 个省、自治区、直辖市有分布。

主要的传统体育项目有：射箭、射弩、磨秋、摔跤、击鸡毛球、板羽球、布鲁（堵鲁）、跳高、赛跑。

京族：京族是中国 55 个少数民族中人数较少的民族之一，人口为 2 万多人，主要分布在广西壮族自治区防城港市的“京族三岛”——万尾、山心、巫头三个海岛，钦州市也有少量京族人口分布。

主要的传统体育项目有：打狗、踩高跷、跳竹竿、顶竹竿、游水捉鸭。

塔塔尔族：是我国人口较少的民族之一，人口共有约 5000 人。主要散居在新疆维吾尔自治区境内天山北部地区，新疆维吾尔自治区昌吉回族自治州奇台县大泉塔塔尔乡是全国唯一的以塔塔尔族为主体的民族乡。

主要的传统体育项目有：赛跳跑、爬杆。

独龙族：总人口为约 7500 人，是我国人口较少的一个民族，主要分布于云南省。云南省怒江傈僳族自治州贡山独龙族怒族自治县是独龙族唯一的自治县，独龙族占全县总人口的 88.1%（2004 年）。

主要的传统体育项目有：射弩、溜索比赛、登独木天梯、绳子梯、摔跤、跳高、撑竿跳、滑草、拉姆、网石。

注：以上内容中各民族人口的统计和居住地分布，为 2000 年我国人口普查资料，主要来源于“中华人民共和国民族事务委员会门户网站”；2000 年重庆市隶属四川省，故只有 31 个省、自治区、直辖市。

汉族

竞技娱乐类：投壶、蹴鞠、步打毬、捶丸、击壤、木射、射箭、射潮、骑射、猿骑、扶卢、相扑、中国式摔跤、角力、五兵角抵、举鼎、负重、石担、石锁、抓、抓疾驰、舞、水嬉、水球、射鸭、弄潮、弄水、投石、龙舟竞渡、跳水寻物、挠彩舟、抢荷花船赛、划六龙船、摇快船、踏白船、风筝、秋千、车轮秋、转轮秋、水上秋千、拔河、松江叶榭竹编球、保定铁球、马球、掷行头、打毛蛋、踢石（铁）球、棍打球、牧球、木球（门球）、调吊、皮条、竿子、游百病、背冰亮膘、登高、雁荡飞渡、踩泥马、发界鸡、拉地棍、打稍、打炮儿、放皮筏、耍水、跳水、垂钓、信鸽、赛走骡、打车轮、翻跟头、靠环与碰拳、扳羊头、背碌、翻石滚、千斤坠、千把转、走浪桥、风帆车、扔包、滑冰车、闯马城、骑马打仗、羊铲掷土、九连环、曳石、跑马城、爬竿、斗鸡、立马桩、扛金刚、校花棒、叠罗汉、挑兵、望月亮、打髀殖、跳绳、跳皮筋、跳房子、踢毽子、打陀螺、打戛、拷棒、打梭、打拐、赶老牛、纪棒球、打瓦、鸡孵蛋、走羊窝、挑幡、舞龙（布龙、草龙、香火龙、板凳龙）、舞狮、五虎竿箱、跳台判、战鼓、花钹、娘娘轿、翻油饼、骑马战、轧猪油渣、挤暖暖、旋鼓、踢鼓拉花、踢鼓子、凤阳花鼓、腰鼓、秧歌、玩旱船、高跷、弹球、捉骨牌、拾魁、撞个、弹骨、砍子、抓石子、抢卵子（母鸡护蛋）、老鹰抓小鸡、卷席筒、推风车、散里丢丢、打宝塔、抖空竹。

棋类：中国象棋、围棋、弹棋、六博、六周、憋死猫（憋死牛、憋死茅、憋死角）、老虎吃绵羊、狼吃娃、摆龙、摆龙门阵、打虎棋、兽棋、天下太平、对角棋、老虎棋、赶牛角、下褡裢、走和尚、围和尚、“华容道”、西瓜棋、网棋、猪拇棋、下方、掐仿、成方、插方、三棋、三三棋、灌三壶、三六九、四棋、四光顶、五棋、加五马、五子担担、夹挑棋、赶五湖、六棋、九子棋、九连、十二连、三子棋、斜方棋、四子棋、十字棋、双转棋、栽秧棋、旋转棋、到家棋、打虎棋、三虎棋、擒敌棋、翻转棋、梅花棋、围棋五子棋。

养生类与武术类：养生术、导引与气功、马王堆气功、彭祖气功、青龙动气功、武当气功、天河寺硬气功、南京戴家功、常州气功、三线放松功、陈式太极拳、杨式太极拳、孙式太极拳、武式太极拳、吴式太极拳、太极五星捶、螳螂拳、秘踪拳、拦手、地趟拳、五龙通花枪、四通捶、华拳、孙膑拳、文圣拳、大鸿拳、劈挂拳、梅华桩、翻子拳、绵拳、短拳、八卦掌、通背拳、形意拳、车氏形意拳、傅拳、弓力拳、五法八象、少林拳、石头拳、苌家拳、八极拳、分手拳、戳脚、内八卦象、意拳、清拳、顺手拳、三皇炮捶、东乡拳、戗拳、九华山拳、五童气功拳、南拳、常州南拳、船拳、台州南拳、温州南拳、少林五祖拳、鹤拳、地术犬法、龙尊、虎尊、儒法、邹家拳、硬门拳、字门拳、蛇拳、伞拳、内家拳、花拳、浦东拳、六合拳、岳氏连拳、唐拳、武当拳、岳家拳、龟牛拳、龙虎争巢拳、巫家拳、太乙游龙拳、梅山拳、自然门、盛氏武功、三十六闭手、喻家六合拳、峨嵋坤门拳、七步云脚拳、西凉掌、高家拳、八宝拳、洪拳、刘家拳、莫家拳、咏春拳、蔡家拳、李家拳、蔡李佛拳、龙行武术、砍刀蛮牌、八卦刀、杨家拳、马枪、八卦连环剑、子午鸳鸯钺、少林棍、牛郎棍、鞭杆、梭子、水浒拳。

二、传统体育项目的融合、交流与传播——部分传统体育项目在不同民族间开展的统计

摔跤：蒙古族、苗族、彝族、回族、景颇族、达斡尔族、羌族、锡伯族、怒族、裕固族、基诺族、朝鲜族、满族、侗族、哈尼族、哈萨克族（共 16 个）

射箭：蒙古族、藏族、维吾尔族、彝族、羌族、达斡尔族、布朗族、锡伯族、裕固族、赫哲族、珞巴族、基诺族、满族、黎族（共 14 个）

赛马：回族、蒙古族、藏族、苗族、维吾尔族、彝族、水族、东乡族、纳西族、裕固族、

达斡尔族、塔吉克族、撒拉族、满族、白族、哈萨克族、布依族（共17个）

龙舟：苗族、白族、傣族、高山族、壮族（共5个）

射弩：苗族、拉祜族、佤族、阿昌族、德昂族、彝族、基诺族、瑶族（共8个）

秋千：苗族、纳西族、景颇族、布依族、朝鲜族、满族、白族、土家族、高山族（共9个）

陀螺：彝族、壮族、瑶族、哈尼族、白族、佤族、布依族、傣族（共8个）

拔腰：回族、藏族、土族、壮族、撒拉族、保安族（共6个）

磨秋：彝族、壮族、土家族、哈尼族（共4个）

高跷（高脚马）：京族、土家族、苗族、哈尼族、基诺族（共5个）

拔河：回族、藏族、拉祜族、柯尔克孜族、白族、哈萨克族、傈僳族、高山族、基诺族（共9个）

舞狮：苗族、壮族、高山族、仡佬族（共4个）

顶竿（顶竹竿、顶木竿）：景颇族、佤族、羌族、土家族、基诺族、瑶族（共6个）

抢花炮：壮族、仫佬族、侗族（共3个）

毽球、摔跤、龙舟、陀螺、高跷、拔河、舞狮、舞龙、毽球、秋千等项目为汉族和某些少数民族共同的体育文化，体现了我国传统体育在长期发展过程中的交流与融合。

第二章　少数民族传统体育运动会

第一节　少数民族传统体育运动会发展历程

中华人民共和国全国少数民族传统体育运动会（简称全国民运会），是在1953年举办的全国民族形式体育表演和竞赛大会的基础上发展而来的。它经国务院批准，由国家民族事务委员会和国家体育运动委员会联合主办，地方人民政府承办，从1982年开始，每4年举行一届。该项赛事以其民族性、广泛性和业余性等特色，已成为全国较有影响的大型综合性体育运动会之一，为发掘整理各民族民间传统体育形式，弘扬民族体育文化，发展民族体育事业和全民健身运动，增强各族人民身体素质，促进各民族团结等方面做出了积极的贡献。

截至目前，我国民运会已举办了9届，举办地分别在天津、内蒙古自治区呼和浩特市、新疆维吾尔自治区乌鲁木齐市、广西壮族自治区南宁市、云南省昆明市、北京市（在拉萨市设立分会场）、广东省广州市、贵州省贵阳市，第10届全国民运会将于2015年在内蒙古鄂尔多斯举行。

第1届全国少数民族传统体育运动会

新中国刚刚诞生，党和人民政府就对各民族民间传统体育活动十分重视。经政务院批准，1953年11月8日－12日，在天津市举行了全国民族形式体育表演及竞赛大会。运动会原定于在北京先农坛体育场举行，后因原北京体育学院暂借此地开学而移师天津。30年后（即1984年），国家体委、国家民委将这次体育运动会定为第一届全国少数民族传统体育运动会。

参加民族形式体育表演及竞赛大会的，共有华北区、东北区、西北区、中南区、西南区（包括西藏）和内蒙古自治区、解放军及铁路系统等九个单位。一共有满族、蒙古族、回族、藏族、苗族、朝鲜族、纳西族、汉族等13个民族的395名运动员参加角逐。大会在天津民园体育场隆重举行，中央人民政府政务院副总理兼文化教育委员会主任郭沫若、卫生部部长李德全等出席了开幕式并讲话。

体育项目分竞赛、表演和特邀表演三部分。竞赛项目有：举重、拳击、摔跤、短兵和步射，竞赛项目显现明显的现代体育特征；表演项目分三大类共414项小项，主要有：武术（分石担、石锁、弓箭术、弹丸、爬杆、跳板、木竿、皮条、沙袋、地围、跳桌、筋斗、叠罗汉、大武术、五虎棍、打术、跳术、跳绳、飞叉、中幡等22项）、骑术（各种马上技巧表演9项）三大类，其中武术项目的表演占较大比重；特邀表演有：马球、蒙古式摔跤、狮舞、杂技等。其中维吾尔族的踩绳（即达瓦孜）、蒙古族的摔跤、朝鲜族的跳板、回族的武术以及内蒙古骑兵的马术等少数民族项目给人留下了深刻的印象。竞赛项目中有 10 名举重运动员创造了国家新纪录。来自全国各地及天津市的观众有 12 万人次。运动会闭幕后，又挑选了 90 名优秀运动员进京连续表演了 31 场，受到观众的热烈欢迎。

这届运动会是在中国共产党和人民政府的关怀重视下召开的，它不仅是新中国成立以来的第一次民族形式的体育盛会，更是一次体现民族平等团结的体育盛会。历史上备受压迫和歧视的少数民族，第一次将自己的民间传统体育项目，与汉族体育项目一起平等地拿到全国体育运动会上展示，在中国体育史上具有划时代的意义，对贯彻党的民族政策，推动民族体育事业的发展，增强民族团结产生了重要影响。从此，少数民族传统体育进入了一个繁荣发展的新时期。

第 2 届全国少数民族传统体育运动会

1982 年 9 月 2 日 –9 月 8 日，由国家体委、国家民委主办，内蒙古自治区人民政府承办的第 2 届全国少数民族传统体育运动会在内蒙古自治区呼和浩特市举行了。中共中央政治局委员、全国人大常委会副委员长乌兰夫，中共中央书记处书记、国务院副总理万里，全国人大常委会副委员长阿沛·阿旺晋美等出席了开幕式，并接见了与会的全体运动员、裁判员及工作人员。乌兰夫、万里还分别为运动会题词。乌兰夫的题词是“努力发展少数民族传统体育，繁荣各民族文化，增进民族团结。”万里的题词是：“开展民族传统体育活动，建设社会主义精神文明，开创民族体育的新局面。”

本届民运会是首次以省、自治区、直辖市为单位组团参赛，来自全国 29 个省、自治区、直辖市的 56 个民族的 863 名运动员和教练员参加，其中少数民族运动员 593 人。十几个省、区组织的 200 多名少数民族参观团，内蒙古自治区各盟、市的参观团 200 多人，中外记者 300 多人，以及正在呼和浩特市学习、讲学、旅游的中外朋友和当地群众参加了开幕式并观看了比赛，5000 多名中小学生表演了大型团体操——《民族盛会》。

本届全国民运会分竞赛项目和表演项目两大类。竞赛项目有：射箭邀请赛和中国式摔跤 2 个项目，来自内蒙古、新疆、西藏、青海 4 省区 5 个民族的 24 名运动员参加了射箭的角逐。15 个省、自治区、直辖市 13 个民族的 56 名业余摔跤运动员参加了 4 个级别的中国式摔跤比赛。

表演项目有 68 个，分别由 26 个省、自治区、直辖市的 46 个少数民族的 800 多名运动员进行表演，其中有：傣族的孔雀拳、白族的霸王鞭、纳西族的东巴跳、彝族的阿细跳月、高山族的背篓球、回族的斗牛、藏族的“碧秀”、土族的轮子秋、朝鲜族的秋千、黎族的跳竹竿、壮族的高空舞狮、维吾尔族的“达瓦孜”、哈萨克族的马上拾银、塔吉克族的叼羊、蒙古族的赛骆驼和赛马、达斡尔族的“波依阔”等。这些传统的民族表演项目，是由各民族的生产生活中产生和发展而来，各具特色，异彩纷呈，吸引了 80 多万观众前来观看。

运动会期间，还举办了“全国少数民族传统体育活动图片展览”，在乌兰察布草原举行全体代表与蒙古族牧民的联欢会，还举行了有 12000 人参加的盛大联欢晚会。

第 3 届全国少数民族传统体育运动会

由国家体委、国家民委主办，新疆维吾尔自治区人民政府承办的第 3 届全国少数民族传统体育运动会于1986年8月10日至8月17日在乌鲁木齐市隆重举行。中共中央政治局委员、国务院副总理万里，中共中央顾问委员会常务委员刘澜涛、江华，六届全国政协副主席杨静仁、包尔汉等出席了开幕式。开幕式由国家体委主任李梦华主持，国际奥委会执委、国家体委副主任何振梁代表国际奥委会向大会赠送了一尊铜质和平鸽以示祝贺。数千名学生和艺术家表演了大型团体操——《天山盛会》。

本届运动会首次启用了会徽、会旗、会标，这标志着少数民族传统体育运动会逐步走向正规化。由全国（除台湾省外）29个省、自治区、直辖市的55个少数民族的777名运动员和各民族的教练员、工作人员共1097人参加了比赛和表演，另外还有29个省、自治区、直辖市组成的观摩团872人，以及特邀代表73人、580名中外记者及港澳同胞、外国友人等，总规模达3704人，大大超过了上届。

本届运动会制定了比较完善的比赛规则，大会共设摔跤、射箭、赛马、叼羊、射弩、抢花炮、秋千7个竞赛项目和115个表演项目。竞赛项目和表演项目分别比上届增加了5项和47项。

运动会期间，国家民委、国家体委联合表彰了35个民族地区体育先进单位和个人。大会期间，万里副总理等党和国家领导人同运动员、教练员、裁判员、工作人员、中外来宾及各民族的代表3000多人在天山脚下的南山牧场一起联欢，歌声、笑声汇成一曲民族大团结的赞歌。闭幕式上，国家民委主任司马义・艾买提致闭幕词。新疆维吾尔自治区政府主席铁木尔・达瓦买提代表自治区人民政府向国务院、国际奥委会、国家民委、国家体委和29个代表团赠送了纪念品，并向下届全国民族运动会承办单位广西壮族自治区代表团团长张声震移交了会旗。

第4届全国少数民族传统体育运动会

经国务院批准，由国家民委、国家体委主办，广西壮族自治区人民政府承办的第四届全国少数民族传统体育运动会，于1991年11月10日至11月17日在南宁市隆重举行，历时8天。其中，赛马项目于1991年8月4日至8月7日由内蒙古自治区人民政府承办，提前在呼和浩特市举行。

中共中央政治局委员、全国人大常委会委员长万里，中共中央政治局委员、常务委员李铁映，中共中央顾问委员会常务委员李德生，全国人大常委会副委员长阿沛・阿旺晋美、赛福鼎・艾则孜，国务委员、国家扶贫领导小组组长陈俊生，全国政协副主席杨静仁、程思远出席了开幕式。

为本届民运会题词的领导人及题词：

李鹏的题词是："加强民族团结，发展民族体育运动。"

李铁映的题词是："发展民族体育，弘扬民族文化。"

司马义・艾买提的题词是："发展民族体育，振奋民族精神，促进民族进步。"

本届运动会的宗旨是：平等、团结、进步、繁荣。

本届民运会有来自全国30个省、自治区、直辖市55个少数民族的运动员和各民族的教练员、工作人员、观摩人员、少数民族体育先进地区和单位的代表及中外记者，共3000多人参加。台湾少数民族龙舟队和少数民族传统歌舞艺术团，第一次参加了全国民族运动会的比赛和表演。

第四届全国民族运动会设竞赛项目和表演项目两大类。竞赛项目共 9 项：龙舟、抢花炮、秋千、射弩、珍珠球、木球、摔跤、赛马和武术，本届民运会删除了射箭和叼羊两个项目，增设的项目是龙舟、珍珠球、木球和武术四个项目，表演项目 124 项。本届运动会不仅在竞赛项目和表演项目的数量上超过了历届，而且制订了较为科学、系统的总规程、竞赛项目规则、表演项目评判办法，使本届运动会向着规范化的轨道迈进了一大步。

本届民运会首次增设了“道德风尚奖”，还召开了民族体育表彰会，国家民委、国家体委联合表彰了一批为发展少数民族地区体育事业做出贡献的先进地区、单位和个人。

运动会间隙，56 个民族的运动员、教练员和工作人员欢聚于南宁市青秀山，举行了盛大的联欢会。

大会期间还举办了“全国少数民族传统体育图片展览”；来自全国各地的 12 家艺术团体，在南宁各城区及广西民族大学等高校为各族群众演出 30 场文艺节目。从本届运动会开始，承办单位举办了运动会歌曲征集活动，民族运动会第一次有了自己的会歌。本届民运会上，由乔羽作词、徐沛东作曲、青年歌手韦唯（壮族）演唱的《爱我中华》，从广西南宁唱响全国，唱遍了祖国的大江南北。

第 5 届全国少数民族传统体育运动会

1995 年 11 月 5 日至 11 月 12 日第五届全国少数民族传统体育运动会在昆明市隆重国务委员兼国家民委主任司马义・艾买提，全国政协副主席杨汝岱出席了开幕式。

党和国家领导人为第五届全国民族运动会题了词，为运动会题词的领导人及题词：

中共中央总书记、国家主席、中央军委主席江泽民的题词是：“发展民族体育运动，促进两个文明建设。”

中共中央政治局常委、国务院总理李鹏的题词是：“发展民族体育，建设伟大祖国。”中共中央政治局常委、全国人大委员长乔石的题词是：“发展发族体育，建设锦绣中华。”

中共中央政治局常委、全国政协主席李瑞环的题词是：“展民族体育风采，促团结文明进步。”

为运动会题词的领导人还有：中共中央政治局委员、国务委员李铁映，全国人大副委员长布赫，国务委员、国家民委主任司马义・艾买提，全国政协副委员长阿沛・阿旺晋美，全国政协副主席赛福鼎・艾则孜。

本届运动会的宗旨是：发展民族体育，增强民族体质，加强民族团结，振奋民族精神，为社会主义物质文明和精神文明建设服务。

本届运动会设竞赛项目和表演项目两大类。竞赛项目 11 项，分别为：抢花炮、珍珠球、木球、毽球、摔跤、秋千、武术、射弩、龙舟、赛马、打陀螺，本届竞赛项目在上届的基础上增加了打陀螺，共设金牌 65 枚；表演项目达 129 项，设 1、2、3 等奖。

来自全国各省、自治区、直辖市、解放军、新疆建设兵团 33 个代表团，55 个少数民族的 2500 名运动员参加了竞赛项目和表演项目的角逐。本届民运会的规范大大超过上届，运动员、教练员、裁判员、工作人员、观摩人员、少数民族体育先进代表及新闻记者达 9000 多人。海南省、中国人民解放军、新疆生产建设兵团首次组团参赛。台湾省少数民族组团参加了龙舟竞赛。大会还邀请了部分港、澳、台同胞前来观摩。

本届民运会首次向全国征集会徽、会旗、会标。吉祥物是健康活泼的小象，取名“明明”，是昆明民族运动会的谐音。运动会期间，国家民委、国家体委联合召开表彰大会，表彰了一批为发展少数民族地区体育事业做出贡献的模范集体和模范工作者，还举办了“全国少数民族传统体育摄影艺术展”、“民族团结艺术灯展”、“焰火晚会”等活动，并在海埂民族村举行了民族大联欢。

第 6 届全国少数民族传统体育运动会

第六届全国少数民族传统体育运动会是一次意义非凡的盛会，20 世纪我国举办的最后一次大型综合性体育运动会，时值新中国成立 50 周年，西藏自治区民主改革 40 周年，因而，本届民运会在拉萨市设立了分会场。运动会于 1999 年 9 月 24 日至 9 月 30 日在北京隆重举行，分赛场的比赛将先期于 8 月 18 日至 28 日在拉萨进行。火种取自于 8848m 的珠穆朗玛峰峰顶，被誉为“中华民族圣火”。

运动会设竞赛项目和表演项目两大类。竞赛项目有：抢花炮、珍珠球、木球、毽球、蹴球、秋千、武术、射弩、龙舟、打陀螺、押加（也称大象拔河）、民族式摔跤、马上项目共 13 项，押加、蹴球为新增项目，其中射弩、打陀螺、押加、部分马上项目和部分表演项目在拉萨分赛场进行。表演项目达 157 项。

来自全国各省、自治区、直辖市以及解放军、新疆建设兵团共 33 个代表团、55 个少数民族的 4500 多名运动健儿参加了角逐。运动员还参加了国庆 50 周年游行和联欢晚会。

本届民运会筹委会向全国征集吉祥物、会徽和会旗，吉祥物取名“燕燕”和“扎西”分别象征两个举办地北京和拉萨。

运动会期间，国家体委、国家民委奖励和表彰了全国民族体育先进个人和先进集体，举办了少数民族传统体育论文报告会。

第 7 届全国少数民族传统体育运动会

经国务院批准，由国家民族事务委员会和国家体育总局主办，宁夏回族自治区人民政府承办的中华人民共和国第七届少数民族传统体育运动会，于 2003 年 9 月 20 日至 27 日在银川市和石嘴山市举行。

本届运动会遵循“平等、团结、拼搏、奋进”的宗旨，充分展示我国少数民族传统体育特色和运动水平，锻炼和培养优秀民族体育人才，为弘扬民族文化，促进民族团结，进一步推动我国少数民族体育事业的发展做出贡献。

本届民族运动会的竞赛项目有 14 个：包括花炮、珍珠球、木球、毽球、蹴球、武术、秋千、押加、民族式摔跤、陀螺、射弩、龙舟、马术、高脚竞速等，本届民运会新增的竞赛项目是高脚竞速。55 个少数民族的 4500 多名运动员参加了角逐，本届民运会首次进行了“民族体育之花”展演活动。台湾省少数民族组团参加了民族式摔跤和两个表演项目，代表团人员达 58 人。

这是宁夏首次承办全国大型综合运动会。民族运动会已先后在天津、内蒙古、新疆、广西、云南、西藏和北京举行。至此，全国少数民族体育盛会已“走”遍 5 个民族自治区。

运动会期间，国家体委、国家民委奖励和表彰了全国民族体育先进个人和先进集体，举办了少数民族传统体育论文报告会。首次进行了“民族体育之花”展示活动。

第8届全国少数民族传统体育运动会

2007年11月10日–18日第八届全国少数民族传统体育运动会在广州举行，由国家民委、国家体育总局主办、广东省人民政府协办，广州市人民政府承办，本届民运会首次由举办地所在城市承办。开幕式在广东奥林匹克体育中心举行，开幕式大型文体表演为《永远的和谐》；闭幕式在广州体育馆举行了，文艺演出为《幸福的家园》。

本届民运会进行火炬传递活动，火种取自云南曲靖地区沾益市马雄山珠江源头，火炬传递启动地点在北京中华世纪坛，传递路线为北京、呼和浩特、银川、兰州、西宁、昆明、贵阳、南宁和广州。

吉祥物取名“悦悦”，以夸张、拟人的手法，将华南虎化成一个矫健、活泼、可爱的少数民族运动员的形象。取名“悦悦”既有吉祥喜庆的意思，以谐音举办地“南粤”。

本届民族运动会共设抢花炮、珍珠球、木球、毽球、蹴球、武术、秋千、押加、民族式摔跤、陀螺、高脚竞速、板鞋竞速、射弩、龙舟、马术等15个竞赛项目，新增的竞赛项目是在壮族民间广为流传的三人板鞋竞速，由广西区民委和区体育局申报立项。另外还有民族健身操、竞技类、技巧类、综合类等四大类的表演项目149项，民族健身操首次单列一类进行表演。

全国各省、自治区、直辖市、解放军、新疆建设兵团共34个代表团组团，参加比赛和表演的少数民族运动员有近6000人，运动员、裁判员、教练员、工作人员（不含志愿者），先进工作者、观察人员等共12000多人，规模为历届之最。

运动会期间，国家体委、国家民委奖励和表彰了全国民族体育先进个人和先进集体，举办了少数民族传统体育论文报告会进行了“民族体育之花”评比活动。赛会期间，数千名各民族代表在广州番禺长隆欢乐世界举行了民族大联欢。

第9届全国少数民族传统体育运动会

经国务院批准，由国家民委、国家体育总局主办，贵州省人民政府承办的第9届全国少数民族传统体育运动会，于2011年9月10日至9月18日在贵阳隆重举行。中共中央政治局委员、国务院副总理回良玉宣布运动会开幕，全国政协副主席阿不来提·阿不都热西提出席了开幕式，包括台湾省代表团在内的全国32个省、自治区、直辖市和解放军、新疆建设兵团共34个代表团参加了本届民运会，本届民族运动会共有来自中国55个少数民族的6771名运动员参加，进行16个竞赛项目和185个表演项目的角逐。本届民运会还召开了全国民族体育先进集体和个人表彰大会暨民族体育科学论文颁奖大会、民族体育科学论文研讨会，举行了民族大联欢活动和“56个民族体育之花”展演活动。这是贵州省首次承办全国大型综合运动会。开幕式晚会名为《天地人和——中华颂》，贵州本地苗族歌手阿幼朵唱响了本届民运会会歌。

本届民族运动会的竞赛项目有16个：包括花炮、珍珠球、木球、毽球、蹴球、武术、秋千、押加、民族式摔跤、陀螺、高脚竞速、板鞋竞速、射弩、龙舟、马术等，本届民运会新增的竞赛项目是在苗族民间广为流传的独竹漂，参赛运动员最多的项目是龙舟项目，参加这一项目的运动员达 1740 名。为淡化金牌意识，本届运动会改革了奖励办法，将竞赛和表演项目金、银、铜牌的奖励体系，改为设一等奖 1 名、二等奖 3 名、三等奖 4 名的奖励体系，扩大了奖励面，突出了参与性，产生一等奖最多的项目是民族式摔跤，共产生 29 个一等奖。本届民运会首次实行运动员注册制，使赛事举办更加规范。

第 10 届全国少数民族传统体育运动会

经国务院批准，由国家民委、国家体育总局主办，第十届全国少数民族传统体育运动会将于 2015 年在内蒙古鄂尔多斯举办。2011 年 9 月 18 日，第九届全国少数民族运动会在贵阳落下帷幕，闭幕式上，国家民委副主任丹珠昂奔将会旗授予了内蒙古自治区。预示着第 10 届全国少数民族运动会拉开了帷幕。

我国历届少数民族运动会统计一览表

	1	2	3	4	5	6	7	8	9
举办地点	天津市	呼和浩特市	乌鲁木齐	南宁市	昆明市	北京市拉萨市	银川市	广州市	贵阳市
	395	593	1097	1530	2500	4500	4574	6000	6700
		863	3704	3000	9000	8000	9700	12000	
民族数	13	56	55	55	55	55	56	55	55
竞赛项目数	5	2	7	9	11	13	14	15	16
竞赛项目（划线项目为本届运动会新增项目）	举重、拳击、摔角（跤）、短兵和步射	射箭邀请赛和中国式摔跤	抢花炮、摔跤、射箭、赛马、叼羊、射弩、秋千	抢花炮、摔跤、秋千、射弩、赛马、龙舟、武术、珍珠球、木球、	花炮、珍珠球、木球、摔跤、秋千、武术、射弩、龙舟、赛马、打陀螺、毽球、	花炮、珍珠球、木球、毽球、摔跤、秋千、武术、射弩、龙舟、马术、陀螺、押加、蹴球、	花炮、珍珠球、木球、毽球、摔跤、秋千、武术、射弩、龙舟、马术、陀螺、押加、蹴球、高脚竞速	花炮、珍珠球、木球、毽球、摔跤、秋千、武术、射弩、龙舟、马术、陀螺、押加、蹴球、高脚竞速、板鞋竞速	花炮、珍珠球、木球、毽球、摔跤、秋千、武术、射弩、龙舟、马术、陀螺、押加、蹴球、高脚竞速、板鞋竞速、独木漂
表演项目	414	68	115	124	129	157	126	149	188

续表

	1	2	3	4	5	6	7	8	9
时间	1953年11月8日–12日	1982年9月2日–8日	1986年10月10日–17日	1991年11月10日–17日	1995年11月5日至12日	1999年9月24日至30日	2003年9月6日–13日	2007年11月10日至18日	2011年9月10日至18日
特色			首次启用会徽、会歌、会标	发布《爱我中华》会歌、台湾第一次组团参赛、		在拉萨设立分会场，时值国家50周年大庆，西藏40周年大庆	建运动员村、开通运动会专题网、初步实现民运会数字化	首次在非少数民族地区举办、第一次由省政府协办省会城市承办	

第二节　少数民族传统体育运动会文化内涵

一、我国民运会文化体系逐步形成

我国民运会在数十年的发展过程中，虽然借鉴了奥林匹克运动会的一些模式，甚至“复制”了现代竞技体育运动会的仪式、程序，但是，却融入了丰富的民族因素，形成了具有民族特色的体育运动会。与以“更高、更快、更强”为宗旨的现代竞技体育运动会不同，我国民运会“以弘扬民族传统体育文化，促进民族团结、进步、繁荣”为宗旨，突出了我国弘扬民族文化、发展民族体育、实现各民族团结平等的政策和原则，我国民运会逐步建立起自身的指导思想和价值体系。在赛制、比赛项目设置、运动员资格、奖项设制等方面，无不深深地打上了民运会宗旨的烙印。

1986年第三届民运会，首次启用了会徽、会旗、会标，通过以会徽、会旗、会标以及吉祥物反映时代特征和民运会的文化内涵。如第八届民运会会微，主体是龙，象征着中华民族，结合表现风云、沧海的线条组合，构成完整的画面，寓意着中华民族正以乘风破浪之势腾飞崛起。1991年第四届民运会，一首《爱我中华》民运会会歌唱响了大江南北，焕发出我国56个民族共同的心声，它的深刻寓意已经超越了会歌，这首振奋激昂的歌曲，成为一首歌颂民族团结之歌，曾无数次地在各种大型盛会甚至国庆大典上响起。这些丰厚的民运会文化成果，不仅是我国民族团结、共同发展的见证，也是民运会发展的遗产。

民运会不仅是我国各民族体育文化交流的盛会，也是我国社会主义文化建设成就的展示，每届民运会还会根据我国不同时期民族工作的需要提出民运会的主题文化，具有鲜明的时代特色，形成了独具特色的民运会文化，如2007年广州民运会以“团结、强健、奔小康”主题，突出了我国少数民族体育健儿奋力拼搏和全国人民团结奋进奔小康的精神风貌；2011年贵阳民运会提出了“和谐中华、多彩贵州”的主题，充分展示贵州多姿多彩的民族风情和传统文化，展示新时期少数民族群众的时代风貌，展示中华各民族的和谐生活和各民族的大团结。我国民运会人文意蕴丰富，思想价值体系逐步形成。

二、竞赛体系不断完善

规则是竞赛活动顺利进行的必要保证，特别是要建立“公平、公正”的竞赛机制，没有规则的保证就成了一句空话。事实上，严格来讲我国“少数民族传统体育”并不能称为完全意义上的“体育”，考查少数民族传统体育的源流，它并不以竞技为主要目的，而是更多地承担文化传承的作用，即使是在竞技过程中，由于它没有明显的功利色彩，所以，少数民族传统体育并不刻意追求严格的规则，然而，时过境迁，当时代对少数民族传统体育产生了竞技诉求，建立完善规则体系，就成了必然。1986 年第三届全国民运会，首次制订、颁布民运会竞赛项目比赛规则，为规范民运会比赛迈出了重要一步，为了使民运会健康发展，历届民运会不断地完善规则，改造比赛场地、器材，如第九届民运会实现了所有竞赛项目器材的统一，对规范民运会比赛发挥了积极的作用。

三、竞赛与表演并行发展，形成了独具特色的赛会模式

少数民族传统体育是各少数民族在长期的社会实践活动中的智慧结晶，反映了少数社会政治、经济、宗教、理想诉求等因素，是少数民族文化的“活化石”，在西方现代体育的冲击下，也因为我们的祖先对发展我国体育缺乏战略思考，我国民族传统体育发展曾经举步维艰。举办民运会的目的，就是继承和弘扬优秀的民族体育文化，既开发少数民族传统体育的竞赛性，增强人民体质，展示少数民族拼搏精神，又以表演的形式，展示我国各少数民族传统体育文化，促进各民族共同团结进步，共同繁荣发展。主办单位准确地把握了民运会的定位：“少数民族体育”既然是“体育”，体育基本的价值取向就是竞技，少数民族体育的竞赛就要遵循体育竞赛一般规律，设置竞赛项目，提高技术水平。毕竟我国少数民族传统体育与西方竞技体育在价值取向、文化背景、社会根基等方面存在差异，在伴随中华民族的发展进程中，发展成为独具特色的体育活动，追求“和谐、中庸”的价值和理念，体现出丰富的人文内涵，通过表演，更能体现其特色和内涵。

第三章　民族民间体育学科体系的构建

自1840年鸦片战争以后，国门洞开的清王朝欲谋强国之道，在“以夷制夷”的思想影响下，洋务运动开启了西方近代体育传入中国的先声，此后中国学校体育复制了西方近代学校体育内容和模式。新中国成立后，我国又“照搬”了原苏联的学校体育教学大纲，突出体育课教学内容以田径、体操、球类等西方现代竞技体育为主的特点，一个半世纪以来，我国现代教育的两次重大变革均与除武术以外的中华民族传统体育擦肩而过，因此，相当长的一个时期以来，在我国《民族民间体育》学科未能进入我国学校教育体系。1997年经国务院学位委员会和原国家教委的批准，民族传统体育被确定为一级学科体育学之下的四个二级学科之一，并逐步形成了包括民族民间体育在内的民族传统体育学科体系，为民族民间体育进入我国学校体育体系提供了依据。2003年教育部颁布了《体育与（健康）标准》（简称新课标），并推广实施。新课标强调对民族、民间体育资源的开发，提出充分利用宝贵的民族、民间传统体育资源，要将部分项目引入学校体育课之中。为民族民间体育进入学校体育系统提供了有力的支持。民族民间体育是一门年轻的学科，学术界对课的内容、性质、任务等学科要素仍混沌不清，构建我国《民族民间体育》学科结构体系尤为迫切。

第一节　民族民间体育及《民族民间体育》学科的概述

“体育”一词是一个外来词汇，1919年有些学校将“体操课”改为“体育课”，1923年公布的《新学制课程标准纲要》正正把学校的“体操科”改为“体育科”，“体育”一词才逐渐在我国使用。将在我国广泛流传的各种身体活动冠之以体育内涵似乎有“张冠李戴”之嫌，民俗学界却将这类身体活动称之为民间游戏与竞技。而考查在我国流传的各种身体活动的源流，虽然，它并非形式严肃的教育活动，历史上它也并非有目的健身强体活动，它更多地以传承文化为旨意。然而，它无意识的承担了儿童教育功能却得到普遍认同，对其强身健体功能也不置可否，因而，体育界则冠之以“体育”之名。

目前，我国学术界对民族民间体育的研究还相当肤浅，对其概念、内涵、分类等仍未取得较为一致的观点，使用的名称较为混乱。我们认为民族民间体育是指武术、导引养生功和中国摔跤术以外的中华民族传统体育的总称，内容包括抢花炮、跳绳、舞狮、打陀螺、龙舟竞渡、腰鼓、跳秧歌、抖空竹、花鼓、珍珠球、舞龙、高跷、木板鞋等广泛流传于我国民间的体育项目。

民族民间体育学科是一门新兴的学科，近年来，才在我国各高校体育专业中逐渐开设。因不同学校，学科名称、学科性质、教学内容、教学时数等学科要素也有所差异，目前，我国部分高等院校开设的《地域民间体育》、《民族民间体育》、《民族民间体育》、《民族传统体育》、《少数民族传统体育》等学科或课程，从教学内容分析均为相似学科。作为一门新兴学科，现阶段，民族民间体育学科建设还存在不足，主要体现在学科建设经验不足，学科定位不准确，导致教学目标任务不清、课程内容庞杂；师资力量薄弱，不少任课教师“临时上手”，缺乏继续教育或继续学习条件，对本学科文化理论知识认识肤浅、运动技术水平低下或对民族民间体育实践教学“一窍不通”；教材建设滞后；完整、成熟的教学模式还没有形成。但是，从表 1 中我国可以得到相关信息：本学科起步虽晚，但发展迅猛，一批相关研究的国家社科课题、国家民委课题、体育总局课题得以立项，课程建设也得到了相关部门的重视，部分学校的民族民间体育学科或课程相继被批准为国家级、省级（区级）、校级精品课程，学科或课程建设得了各方面的强有力支持。

第二节　构建《民族民间体育》学科体系的依据及意义

2003 年教育部颁发《全国普通高等到学校体育教育本科专业课程方案》的通知，提出将“地方性运动项目”列入专业必修课,从而确立了“民族民间体育”的课程地位。同年，教育部颁布了《普通高中新学科方案（实验）》及包括《体育与健康学科标准》在内的 15 个学科的课程标准，实施学科改革，全面推行素质教育。新课程标准在体育教学内容的选择上，提出了体育教学中要重视改造传统项目和引入新兴运动项目，特别是在体育教学内容的选择上，提出了体育教学中要重视开发民族、民间传统体育项目。为建立、建设民族民间体育学科体系提供了依据。

民族民间体育进入学校体育体系是课程改革的重大变化之一，也是对青少年学生进行民族文化教育的要求。我国民族民间体育是我国 56 个民族的智慧结晶，是历史和时代塑造的结果，将民族的、优秀的体育文化纳入学校教育体系是弘扬民族文化的要求。我国民族民间体育有其深刻的文化内涵，是我国各民族行为规范、道德准则和价值判断的反映，是历史积淀的一种文化范式，它犹如一幅画，再现了一个民族或一定地域的民族的生产生活等社会实践，是青年学生了解民族文化媒介，也是对青少年学生进行民族文化教育的好教材。

民族民间体育进入学校体育进入我国学校体育体系是客观条件的要求。我国是一个发展中国家，区域发展也不平衡，对教育的投入虽然逐年增加，但是仍不能满足教育事业的蓬勃发展的需求。随着体育越来越深入社会的方方面面，学生对体育的要求日益增长，我国学校体育硬件条件不足的矛盾日益突出，特别是广大农村地区学校，学校体育的经费捉襟见肘。将民族民间体育纳入学校体育体系，不仅可以部分地解决我国贫困地区学校体育场地、器材严重不足的问题，还可以丰富学校体育内容，活跃课堂气氛。

中国大学生民族传统体育协会少数民族传统体育专业指导委员会
部分会员单位民族民间体育学科开课情况一览表　表 1

	广西民族大学	吉首大学	湖北民族学院	云南师范大学	中央民族大学
学科名称及课的类型	1、民族传统体育（含理论、实践） 2、少数民族传统体育概论（理论课） 3、地域民间体育（理论课）	1、民族传统体育（实践课） 2、民族传统体育竞赛与训练（理论课） 3、民族传统体育概论（理论课） 4、舞龙	民族传统体育（含理论、实践）	民族传统体育理论与实践（含理论、实践）	1、民族传统体育理论与实践（含理论、实践） 2、少数民族传统体育概论（理论）
学时数	1、体教 54；社体 36 2、18 3、18	1、36 2、24 3、18 4、24	96：理论 12、实践 84	36：理论 8、实践 28	1、108（6 个项目各 18 学时） 2、36
本科开课专业	1、体育教育 2、社会体育	1、民族传统体育 2、体育教育	1、体育教育 2、社会体育	1、体育教育 2、社会体育	体育教育
学科性质	1、专业必修课 2、专业选修课	1、专业主干课 2、专业选修课	专业必修课	专业必修课	专业必修课
学科荣誉	区级精品课程、区级特色课程	省级精品课程、国家级教学团队	省级精品课程	国家级精品课程、国家级教学团队	校特色课程
实践课主要内容	珍珠球、抢花炮、蹴球、跳绳、高脚马、木板鞋、打陀螺、打磨秋、竹球、投绣球、抖空竹、滚铁环、龙舟、舞龙、毽球、跳竹竿	高脚马、抢花炮、蹴球、秋千、陀螺、押加、舞龙、木鼓舞	高脚马、打陀螺、抢花炮、木棉球、毽球、蹴球、木板鞋、押加、珍珠球、舞龙	珍珠球、打陀螺、抢花炮、高脚马球、跳竹竿、民族健身操	抢花炮、木球、珍珠球、陀螺、蹴球、花样跳绳

第三节 《民族民间体育》学科研究的对象、任务、性质和内容

一、研究对象、学科任务及研究方法

（一）研究对象

任何一门学科均有本学科的研究对象，《民族民间体育》就是研究民族民间体育本

质、特征以及一般规律的学科。研究民族民间体育，一方面，以体育学视角，不仅要运用相关的基本理论与方法研究民族民间体育的本质、基本原理、技术特点、运动方法；还要挖掘整理内容丰富、形式多样、濒临失传的民族民间体育。另一方面，运用人类学、民族学、社会学视角对民族民间体育与人类生存、人类活动以及与社会、经济、文化、宗教等因子的关系进行研究。

（二）学科任务

作为一门学科，不仅要有独立的研究对象，而且，要根据学科自身特点以及学科发展所面临的社会责任，确立学科的任务。

运用体育学的基本原理与方法，挖掘、整理的广泛流传于我国民间的民族民间体育项目，一部分通过改造，可以进入学校体育、竞技体育、大众体育体系，为我国的经济、文化、社会建设服务，另一部分则可以作为“文物”，为研究历史、文化提供佐证；研究民族民间体育的基本理论与技术方法，运用解剖学、生理学、力学、化学等现代科学的理论与知识，解释、理解民族民间体育运动方法、健身原理，提高其服务社会以及教学、训练与竞赛水平；借鉴民族学、人类学、文化学、社会学、民俗学等相关学科的理论与知识，探索民族民间体育起源与发展，探索民族民间体育与自然环境以及与社会政治、经济、生产方式、社会形态、传统文化、宗教、艺术、民族等社会因子的关系，厘清其发展脉络，再现民族民间体育的发展路径，把握其发生、发展规律，探讨以全球化、信息化为特征的现代社会语境下民族民间体育的发展。

（三）研究方法

民族民间体育学科任务、研究对象决定了本学科的研究方法。研究民族民间体育的方法常运用文献法、调查法、比较法、实证法、文物考古法等科研方法。

文献法是民族民间体育研究的重要方法之一。虽然，在“重文轻武”思想的影响下，我国民族民间体育难登“大雅之堂”，因此，极少有“正史”记载，但是，仍然有大量的古籍或多或少记载了民族民间体育，是我们收集、整理、研究民族民间体育非常珍贵的线索和史料。如曹植曾作《空竹赋》，说明1700多年前的三国时期空竹就已经出现，唐时白居易《观儿戏诗》有“弄尘或斗草，尽日乐陶陶”，就记载了当时老百姓玩“斗百草”游戏的情形，“项庄舞剑，意在沛公”则说明了当时武舞已经出现，这种资料虽然零星，但为研究提供了思路。

田野调查法是研究民族民间体育不可或缺的方法。我国民族民间体育流传于民间，靠“口传身教”流传至今，其生存的土壤就在民间。研究者只有深入到民间，才能收集到广泛流传于民间的体育活动，也才能体验到民族民间体育缘起的特定区域的自然地理与人文氛围。

民族民间体育实现现代转型必须通过实证法，运用现代科学理论阐释民族民间体育运动规律、生理、生化特征，丰富其理论。前些年，学术界曾有要求取消我国中医学的一股思潮，就是因为中医学缺乏现代科学理论的支撑，不符合西医的准入标准。虽然，最后经过“对决”，以保存中医学观点的占绝对优势，但是，也给传统文化的现代化提了个醒。在现代社会背景下，传统文化必须以科学的理论创新发展，因为，只有科学的、先进的文化才更具生命。

二、学科性质

首先，“民族民间体育”的中心词是“体育”，因而，是我国一级学科体育学的一门分支学科，具有体育学科的性质，因此，民族民间体育的教学、训练和研究，必须遵循体育学科的基本原理与方法。将民族民间体育纳入体育学的范畴，以体育学视角，把握民族民间体育发生、发展规律。

其次，我国民族民间体育历史悠久，是数千年来中华民族在长期的社会活动实践中智慧结晶，凝聚了政治、经济、宗教、习俗等因素，它的缘起与发展，与一定群体的自然环境以及社会环境密切相关，民族民间体育蕴含丰富的文化内涵，表达了特定群体的民族的意志、理想、诉求。毕竟，运用体育学视角还不能全方位、多层次地阐释民族民间体育的文化内涵及发展规律，应运用民族学、人类学、文化学、历史学等相关学科的理论与方法，探讨民族民间体育发展过程中的矛盾。

综上所述，民族民间体育它既是体育学的一门分支学科，也是社会学的一门分支学科，因而，它是一门跨学科门类的综合性学科。

三、学科内容

民族民间体育学科应包括民族民间体育的理论体系和民族民间体育的运动实践体系。

（一）民族民间体育运动实践体系

民族民间体育运动实践体系包括各项目的运动方法、训练、比赛等内容，是民族民间体育中最活跃的部分。民间民众俗体育就是通过运动方法、器材等外在的表现其运动形式，是民族民间体育所表现出来的精神气质的依附物。

（二）民族民间体育的理论体系

1. 民族民间体育本位学理论 民族民间体育首先要解决自身的理论问题，如民族民间体育的概念、分类、特点、功能、内容以及它的缘起、发展、未来展望。是民族民间体育理论的体育学部分，也是民族民间体育理论最基本的部分，是把握其内涵、外延以及学科定位、学科性质、学科研究对象、研究方法、研究的目的任务等的基础。

2. 民族民间体育社会学理论 民族民间体育虽然是历史的结晶，但是它并不是博物馆里的陈列品，是历史与现实的交融，一方面，它具有历史性与遗传性，另一方面，它又具有现实性和变异性，它源源不断、生生不息。正是与现实的融合，它又海纳百川，沉淀了社会文化，变成为社会的一面镜子，是研究社会变迁的“活化石”。民族民间体育文化理论，必须包括民族民间体育在历史长河中的演变过程中凝聚而成的、体现人与自然、人与社会、人与人关系的文化事象。运用民族学、人类学、社会学、文化学等学科理论与方法，通过深层次、跨学科地对民族民间体育事象和问题的抽丝剥茧的分析，从客观和微观视角多方位的揭示民间民俗体育的在中华民族的文明与进步过程中的发展规律。

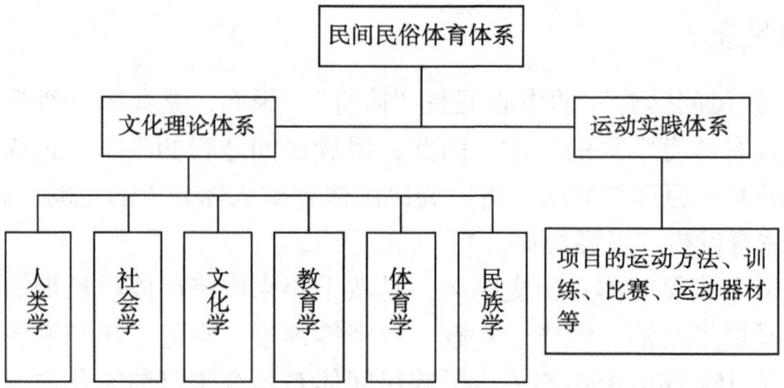

民族民间体育学科体系内容结构图

第二篇 实践篇

内容提要

本篇主要介绍了打陀螺、蹴球、珍珠球、毽球、跳绳、竹球、空竹、投绣球、抢花炮、跳竹竿、木板鞋、高跷、滚铁环等民间民俗体育项目的文化背景、运动技术及教学教法。

第一章　打陀螺

第一节　打陀螺概述

玩陀螺是我国民间一项娱乐竞技活动，在汉族、瑶族、壮族、彝族、哈尼族、基诺族、蒙古族、满族等多个民族中广为流传。因地域条件、文化习俗等因素的影响，陀螺游戏也呈现出丰富多彩的文化内涵，各地玩法也各具特色。汉族民间大多是抽陀螺，将陀螺旋放于平整的地面，用鞭子不断地抽打，使陀螺保持旋转，儿时乐此不疲玩陀螺，以至数十年过去，其情景仍历历在目。瑶族、壮族、哈尼族等民族陀螺游戏则是打陀螺，竞技双方一方放陀，一方打击对方陀螺，不仅比是否能打中对方陀螺，还要比打中后谁的陀螺旋转时间长。我国少数民族传统体育运动会打陀螺竞赛规则就是依据这种打陀螺游戏方法与约定俗成的规矩而制订。陀螺文化的丰富多彩，还体现在陀螺的外形方面，有平脚陀、圆脚陀、矮脚陀、高脚陀、平头陀、尖陀，还有大陀和小陀，位于广西南丹县里湖乡的白裤瑶生态博物馆收藏有一支半径达半米，重达数十公斤的陀螺，我国陀螺外形可谓千姿百态。

陀螺游戏历史悠久，1926 年在山西夏县西阴村灰土岭发现的距今 4000 多年的文物中，就有陶制的小陀螺。明朝《帝京景物略》一书中，记载有木制陀螺的形状和玩法。清代《帝京岁时纪胜》一书，有“杨柳活，打陀螺”的歌谣，反映了陀螺游戏在我国民间广为流传的情形。

（广西南丹里湖乡白裤瑶民间艺人玩陀，2013 年春节拍摄，笔者拍摄）

1953 年在天津举行的我国民族形式的体育表演与竞赛大会上，表演者精湛的陀螺技艺，受到了与会观众的热烈欢迎，陀螺游戏经过广大体育工作者的努力，改造其场地、器材、规则使之与竞技体育接轨，之后，陀螺游戏又在第二、三、四届全国少数民族传统体育运动会上进行了表演。1994 年国家体委、国家民委把打陀螺列为第五届全国少数民族传统体育运动会的竞赛项目。

（2007 年广州第七届全国少数民族运动会打陀螺比赛，笔者拍摄）

正式的陀螺比赛是在一块长 25m、宽 15m 的场地内进行，比赛胜负是以每轮比赛攻方击打效果计分来决定。打陀螺比赛可分为团体赛和个人赛。团体每队规定 3 人参加比赛，进攻方按顺序轮换进攻。防守方则按①②③、②③①、③①②的顺序放陀螺，每一名队员都能打防守方二轮共 6 次陀螺。进攻完后，双方攻守交换。个人赛是 2 人对抗进行 6 轮次。比赛时攻方击中得分,不中不得分。守方无论击中或击不中都不得分，裁判根据击中后的情况判分。规则规定，打停、旋胜、旋平、旋负分别得 4 分、3 分、2 分和 1 分。比赛结束后，以得分多者为胜方。

第二节　打陀螺的基本技术

一、缠陀

（一）有杆缠陀

动作方法：用绳子按顺时针方向缠陀，然后，左手持杆，右手握陀（图 1）。

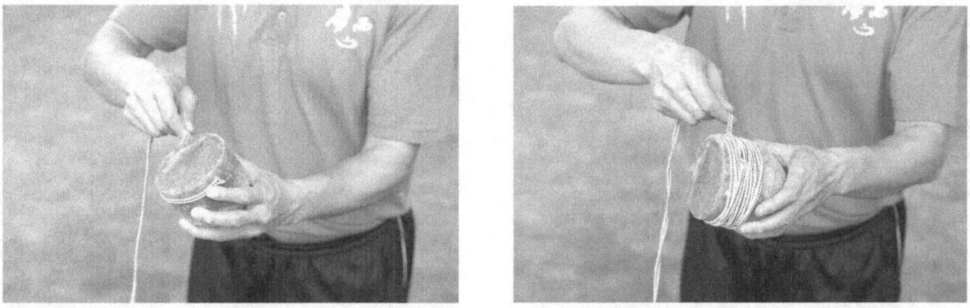

图 1

（二）无杆缠陀

动作方法：先用绳子的一端在右手的食指和中指上缠绕数圈，再用绳子的另一端以顺时针方向缠陀，中指和无名指夹陀尖，拇指按陀顶（图 2）。

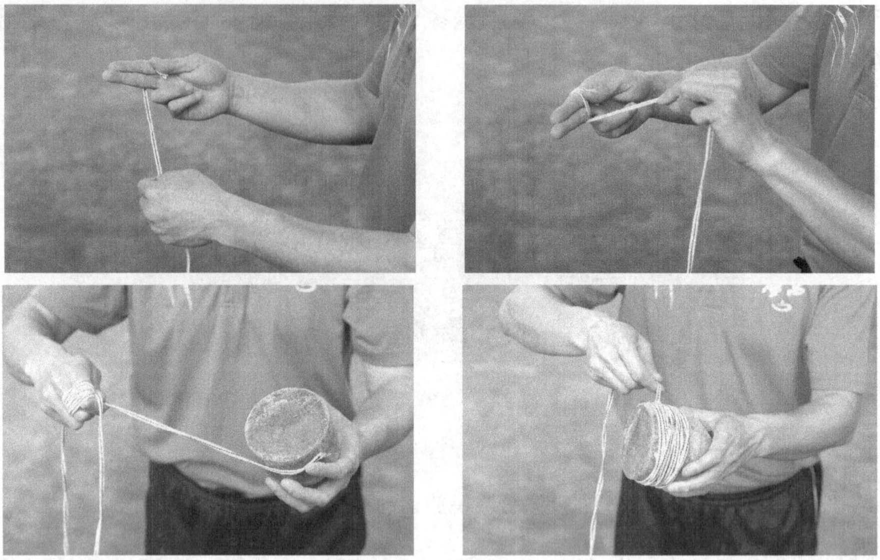

图 2

二、放陀

（一）无杆放陀

动作方法：将缠好的陀螺持握好，两腿半蹲降，上体稍左转，右手握陀螺腹前平屈，前臂内收，通过突然向外甩臂，将陀螺抛出（图 3）；或者上体稍右转，右臂侧后引臂，然后，上体左转甩臂将陀抛出。

图 3

（二）有杆放陀

动作方法：左手握杆，右手握陀，上体稍右转，向侧后引臂，然后，上体左转甩臂将陀抛出（图 4）。

图 4

三、打陀

打陀包括持陀、助跑、最后用力、缓冲平衡等几个技术环节。

（一）无杆打陀

1. 无杆持陀

动作方法：面对目标陀，右手屈握陀屈于体前。准备放陀或打陀（图 5）。

图 5

（二）平打式打陀螺

1. 平打式打陀螺

动作方法：面对目标，右手握陀，左手握鞭杆，并拉紧鞭绳，准备放陀或打陀（图 6）。

2. 助跑：助跑一般是三步或五步，以三步为例，左脚上步开始向右侧身引臂，右脚上步成交叉步，左脚再上一步继续侧身引臂成超越器械。

3. 最后用力：用力时，右脚蹬地向左转髋、转体，上体带动右臂从右侧将陀螺甩出。

4. 缓冲平衡：陀螺出手后，右脚前跨支撑，左脚后摆摆收，重心移至右脚，维持身体的平衡。

图 6

（三）抛式打陀螺

预备势：两脚前后开立，屈膝半蹲，重心主要落在前脚上；右手上下夹陀，置于腹前，左手持鞭杆，置于左肋旁，鞭绳适度拉紧。

打陀方法：右手持陀左手持杆，适度后引，右手持陀屈腕，然后，双臂同时前摆，右臂甩前臂抖腕，将击打陀螺抛向目标陀，当击打陀螺接近目标陀时，左手持杆稍向左后下方拉绳，使击打陀更准确地击中目标陀，同时，又增加击打陀的旋转。

四、抽陀螺

抽陀螺就是放陀后，用专用的鞭抽打陀螺，使其保持旋转。

五、练习

（一）放陀练习

1. 先无旋放区限制的旋放练习，再在旋放区内旋放陀螺。

2. 先无杆放陀，再有杆放陀，把握拉绳时机。

3. 提高要求，放陀在圈内要移动、旋转时间长。

（二）打陀练习

1. 无目标原地旋打练习。要求动作正确，陀螺打出落地后仍在旋转。

2. 助跑练习。要求形成正确的超越器械的姿势。

3. 无目标助跑旋打练习。要求动作衔接连贯，用力正确，打出的陀螺旋转快，落地后仍平稳转动。

4. 近距离完整旋打练习，再远距离完整旋打练习。

5. 大目标、标准距离完整旋打练习，再小目标、标准距离完整旋打练习。

第三节　主要规则

一、停转

陀螺呈椎尖离地的转动。

二、死陀

死陀的判断：在裁判员明确发出放陀信号后，未用鞭绳将陀螺缠绕好；在裁判员明确发出放陀信号后，器材脱手、断绳或松绳掉陀；陀螺旋放在旋放区外；陀螺虽已旋放在旋放区内，但在守方队员（含鞭）未退出场外前停转或旋出旋放区；陀螺虽已旋放在旋放区内，但在裁判员发出攻击信号后攻方未实施进攻的有效进攻时间内，守方陀螺停转或旋出旋放区。

死陀的判罚：由裁判员将陀螺平头朝下置于死陀置放点上，重新发出进攻信号，由攻方队员进行攻击；死陀被攻方陀螺击中后，均视为停转。

三、有效进攻

具备下列三种情况为有效进攻：必须用鞭绳将陀螺缠绕好；直接将陀螺投入旋放区内直接或间接击中守方陀螺；裁判员发出攻击信号后 5 秒钟内完成的进攻。

四、得分

（一）打停：打停得 4 分。

在有效进攻中，攻方陀螺仍在场地内旋转的前提下，出现下例情况判为打停：
使守方陀螺出界；使守方陀螺停转。

（二）旋胜：旋胜得 3 分。

在有效进攻中，攻守双方陀螺均在场内旋转，守方陀螺先于攻方陀螺停转。

（三）旋平：旋平得 2 分。

在有效进攻中，出现下例情况判为旋平：双方陀螺均出界（不分先后）；双方陀螺同时在场内停转；守方陀螺停转，攻方陀螺出界或攻方陀螺停转，守方陀螺出界；攻方陀螺击中死陀后停转或出界。

（四）旋负：旋负得 1 分。

在有效进攻中，出现下列情况判为旋负：攻守双方陀螺均在场内旋转，攻方陀螺先于守方陀螺停转；攻方陀螺停转或出界，守方陀螺仍在场内旋转。

第四节　打陀螺比赛场地与器材

（一）场地（图 7）

1. 场地：陀螺比赛场地长 25m、宽 15m。

2. 旋放区　由底线中点向场内 9m 处画一圆心，以此圆心画一半径为 0.8m 的圆，作为陀螺旋放区。

3. 攻击线：攻击区内设男子攻击线和女子攻击线。男子攻击线距旋放区圆心 6m，女子攻击线距旋放区圆心 5m。

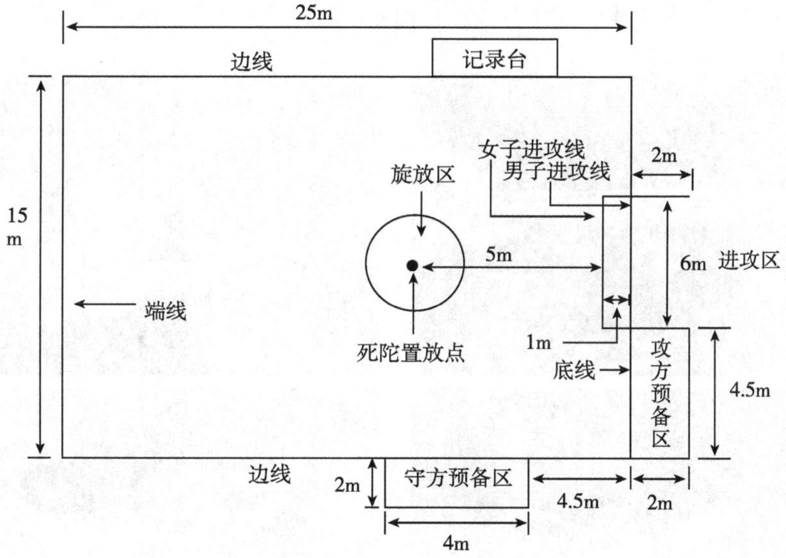

图 7

（二）器材

1. 陀螺比赛一般采用木质平头陀螺。陀螺直径 9–10cm，高度（含铁钉高度）10–12cm，重 800–900 克。锥尖可安装直径不超过 0.4cm 的铁钉。陀螺不得上色，也不得填装金属（陀尖铁钉除外）或其他材料。（图 8）

2. 鞭由鞭绳、鞭杆（无鞭杆亦可）组成。鞭绳不得用金属材料制作，其粗细不限，鞭绳长度男子为 6m，女子为 5m（不得少于 2m）。如有鞭杆，鞭杆长度不超过 0.6m。（图 8）

3. 鞭绳的缠绕方法

从绳子一端的绳头 1m 左右返折，距折点约 15cm，用短的一头线绳向折点方向缠绕，缠绕至短绳将尽时，将绳头插入折点内，从长绳一头拉紧。（图 9）

图 8

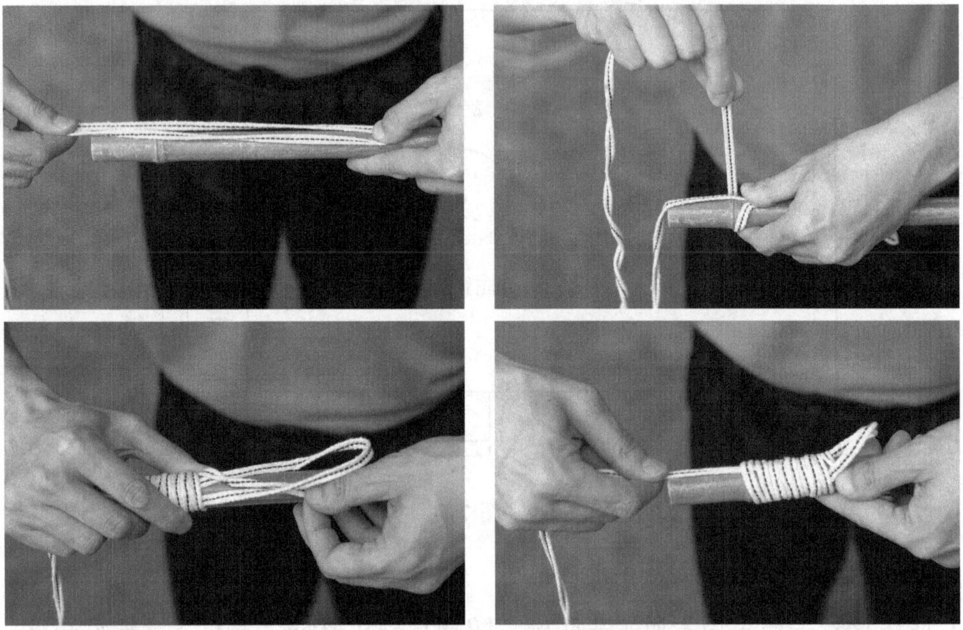

图 9

第五节　教学探讨

一、技能目标

通过学习，掌握平打式、抛式、下压式打陀螺的各项基本技术，以及打陀螺比赛简明规则，达到能够组织打陀螺的教学与训练工作。

二、教学内容

（一）打陀螺介绍。

（二）缠陀

（三）持陀

（四）放陀

（五）打陀：有杆打陀（平打式、下压式、抛打式）；无杆打陀。

（六）花样玩陀：抽陀、踢陀、铲陀、指尖停陀、抛接陀、单手乌龙绕柱。

（七）教学比赛。

三、教学重点与难点

打陀螺技术和花样陀螺的技巧；比赛规则的理解。

四、教法参考

（一）陀螺运动简介

学生成多列横队站立，教师介绍打陀螺运动的历史渊源、场地、器材、发展状况、打法、简明规则。组织如图所示。

× × × × × × × × ×

× × × × × × × × ×

▲

（二）缠陀螺、持陀、放陀

1. 指挥学生成三列横队站立，教师示范有杆缠陀螺，讲解动作要领和动作要点，并讲解如何从缠陀姿势换为持陀姿势。

2. 教师边领做、边讲解有杆缠陀螺动作。

3. 学生在教师指挥下，学习有杆缠陀，教师检查，并帮助学生纠正动作。

4. 学生缠陀后，教师讲解如何由缠陀姿势换为持陀姿势，指挥学生学习持陀，并检查、改进动作。

5. 教师示范有杆放陀动作，讲解动作要领，强调动作关键。

6. 分两组在两个场地，成纵队，依次练习放陀。

7.4–5 人一组，以放陀区为圆心，站成一圆圈，同时放陀，进行放陀比赛，比旋转久。

8. 教师示范无杆缠陀、放陀动作，讲解方法及要领。

9. 学生自由练习无杆缠陀、放陀。

（三）打陀螺

1. 教师示范助跑平打式有杆打陀螺动作，让学生对该动作有初步的认识。

2. 教师示范原地平打式有杆打陀螺动作，讲解动作方法和要领。

3. 教师徒手边领做、边讲解原地平打式有杆打陀螺动作。

4. 教师口令指挥学生徒手练习，教师检查，发现不足，及时改进。

5. 成一列横队，持小石子做原地平打式打陀动作练习。

6. 持练习陀（以陀大小相近的一截原木，不缠绳）做原地平打式打陀练习。

7. 安排学生持陀螺先原地、后助跑做有杆平打式打死陀练习。分成两个场地，成纵队依次进行练习，教师巡回指导。

8. 教师示范有杆下压式打陀螺动作。

9. 教师边示范、边讲解有杆下压式打陀螺动作，并安排学生练习。

10. 教师示范有杆抛式打陀螺动作。

11. 教师边示范、边讲解有杆抛式打陀螺动作，并安排学生练习。

12. 教师介绍无杆打陀螺动作。

（四）花样玩陀

1. 抽陀螺

（1）教师示范抽陀动作，强调动作要求。

（2）安排学生自由练习抽陀螺。

（3）画一条“S”路线带，学生将陀螺从起点抽至终点。

2. 踢陀

（1）教师示范踢陀动作，讲解动作要领，强调动作关键。

（2）学生自由练习，教师巡视，发现不足，帮助学生改进。

（3）比赛：多人一组，同时放陀，比踢陀时间谁长。

3. 铲陀

（1）教师示范铲陀动作，讲解动作要领，强调动作关键。

（2）教师徒手领做数遍。

（3）学生自由练习，教师巡视，发现不足，帮助学生改进。

（4）比赛：多人一组，同时放陀，然后踢陀，比踢陀时间谁长。

4. 抛接陀

（1）教师示范抛接陀动作，讲解动作要领，强调动作关键。

（2）学生自由练习，教师巡视，发现不足，帮助学生改进。

5. 指尖停陀

（1）教师示范指尖停陀动作，讲解动作要领，强调动作关键。

（2）教师持陀（陀不旋转）演示陀由掌心向指尖的移动路线。

（3）学生自由练习，教师巡视，发现不足，帮助学生改进。

6. 单手“乌龙绕柱”

（1）教师示范动作，讲解动作要领，强调保持手掌水平的动作关键。

（2）指挥学生成多列横队站立，教师徒手领做动作。

（3）口令指挥学生徒手练习，并帮助学生改进动作。

（4）学生自由练习，教师巡视，发现不足，帮助学生改进。

（5）动作展示：多人一组，上场表演。

（五）教学比赛

三对三比赛教师讲解比赛流程及简明规则，示范一局打陀螺比赛的裁判，要求学生注意学习如何运用规则进行裁判工作。然后分成多个场地，指挥学生进行教学比赛。

第二章 蹴球

第一节 蹴球运动概述

蹴球，原称踢石球，是古代蹴鞠运动的一种形式。它亦称“踢鞠”、“踏鞠”、“蹴踢”、“步打”等，宋代称“筑球”，是根据古代蹴鞠游戏发展和演变而来的传统体育项目。

古代蹴鞠活动起源于原始社会后期，现在的蹴球运动形式来源于清代的踢石球，是北京市民族传统体育协会挖掘整理的一个体育项目，蹴球首先于 1986 年在新疆举行的第三届全国少数民族传统体育运动会上进行了表演，并引起了全国体育界的关注。在 1991 年，北京市民统体育协会以中央民族大学为基地，再次对踢石球进行了进一步的加工并完善了规则，并组队参加了该年在广西南宁举行的第四届全国少数民族传统体育运动会的表演，并确定了以地掷球为比赛正式用球，并对规则进行改造，掘弃了挖穴、立桩旧规，改为在平地上进行二人或四人对抗的比赛。经过十几年的不断表演和竞赛，现已形成了比较完善的规则。2003 年 9 月在宁夏回族自治区银川市举行的中华人民共和国第七届少数民族传统体育运动会上，蹴球被列入了正式的比赛项目，北京市、天津市、河北省、山西省等 21 个参赛单位的男女各 21 支代表队参加了该项目的角逐。2007 年、2011 年全国第八、第九届少数民族传统体育运动会，蹴球均被列入正式比赛项目。

（2007 年广州第七届全国少数民族运动会蹴球比赛，笔者拍摄）

蹴球比赛有双人和单人两种，包括男子单蹴、男子双蹴、女子单蹴、女子双蹴及混合双蹴等五个项目的比赛。以双人比赛为例，竞赛分为两队，每队 2 人，场上 4 只球，2 只红色球，2 只蓝色球，两队各取一色，通过抽签来确定首先发球的队（即红队的 1、3 号），红队的队员编号为 1 号和 3 号，蓝队的队员编号为 2 号和 4 号。比赛开始时各占一角，然后按逆时针方向顺序发球，即把球踢到场内，也称布球，布局阶段结束后，进攻队员可到场内蹴球，按规则规定蹴球比赛有主动得分和被动得分，凡用己方球击中对方球者按规则可得 1 分，如果把对方球击出场外则获 4 分，蹴球击中任一球，可有一次连蹴机会，如果同时击中两个球，就有二次连蹴的机会，蹴击球击中他球后出界，将失去连蹴机会。当对方发球或蹴击球时违例，己方则按规则有相应被动得分。

蹴球比赛每局 100 分，先得 100 分者为胜，如果已达 100 分或 100 分以上但无分差出现，则比赛继续，以先得分者为胜（突然死亡法）。在每场比赛中当一方或双方达到 50 分或 50 分以上时，比赛停止，休息三分钟，然后双方交换首发权，接休息前的比分继续比赛。在一方或双方达到 50 分或 50 分以上时，如一方有连蹴机会，比赛也不再进行。两局得分相加决胜负。单蹴则为各队 1 名队员上场，比赛用球为 1、2 号。

第二节　蹴球的基本技术

一、准备姿势

动作要领：蹴球前的准备姿势指运动员从场外步入场内本方球后 50cm 左右，面向进攻方向站立的姿势（图 1）。

图 1

二、压球与瞄准

动作要领：脚跟着地，勾脚踝，脚不触球，用脚瞄准进攻方向，方向调正后，即以脚掌轻轻压住球（图 2）。

图 2

三、蹴击球

（一）蹴一般球

动作要领：蹴球腿大腿稍下压，小腿向前下方压伸，脚掌压紧球使之向前滚动，小腿顺势前伸将球蹴出（图3）。

图3

（二）蹴回旋球

动作要领：以脚趾部位压球，脚掌用力下压，使球向前滚出，在向前移动的过程中撞击目标球后，再向后滚回（图4）。适用于边线附近蹴击球。

图4

四、练习

（一）体会动作

做压球、蹴一般球、蹴回旋球动作，体会动作要领。

（二）蹴击球的力度练习

在蹴击球的方向，画多条标志线，进行蹴击球的练习，确定目标，使蹴出的球在第几条标志线附近停止，体会用力感。

（三）击准练习

1. 先近距离蹴击标志物，然后不断地加长距离练习。

2. 无边界两人一组轮流蹴击球练习。

（四）实战练习

双蹴比赛，即二对二进行比赛。

第三节　主要规则与蹴球场地、器材

（一）主要规则

1. 发球

由双方队长抽签确定开赛发球顺序，先抽到者可选择任何一种颜色球，即决定是否先发球。50或50分双方交换顺序和颜色，交换发球权前后的首发球为1、3号（红色）球。上场队员编为1、2、3、4号，队员编号与发球区号相同，开赛按1、2、3、4号顺序发球。单蹴比赛，队员仅分1、2号。发球时，球一经被触及即为进入比赛状态，可以进攻他球和被任何球攻击，当己方有蹴球权时，可以用已发出的球进攻他球或被任何球攻击，并按规则得失分。

发球时必须遵守如下规则：发球时球一经蹴动，应触及中心圆线，否则，判对方得1分，不再重发球；发球出界，判对方得2分，重新发球；发出的球不得触及场内任何球或发球时将本方球蹴出界，否则，判对方得2分，被触及的球复位；发球时，将对方球蹴出界，判对方得4分。

发球同时出现两种或两种以上不同情况的犯规时，以此球结束时最高被动得分给对方加分，其他不再累计加分。

2. 蹴击球

蹴击球时以脚跟先着地，由脚掌触及球面，稳定后将球向前蹴出或挤压出。挤压后再触球，则犯规，不再连蹴。蹴击球时，击中对方一球得1分，本球将对方一球击出界得4分，蹴击球中如遇多种情况同时出现，按事实，相应累计得分。蹴击球击中任何一球，可以用本方任何一球连蹴一次，击中两球，可以用本方任何一球连蹴两次。连蹴权仅指第一次蹴击球时。在连蹴的第二或第三蹴中又击中任何球，不再加连蹴权。将对方两球蹴击出界，先出界球由队员将球放置停球区，另一球则由队员在同号发球区发球。如果将本方球蹴出界，被蹴出界的本方球放置于发球区，蹴击球时，蹴中任何球，但本球出界，无连蹴权。

3. 死球、半活球、活球

（1）死球：凡被他球击出界而应放置于停球区内的球为死球。对停球区内的死球若进攻方仍有连蹴权时，当次不得向其攻击，它包括连蹴两次时。死球无进攻权。停球区内的死球若被击活，在裁判员将其复位后，可以用此球攻击任何一球。

（2）半活球：将被攻击的球击出场外成死球，击球者本轮次击球过后，此死球就成为半活球，半活球不能攻击他球，但可以被任何球攻击。死球被当次进攻方队员蹴动或触及，半活球被对方队员蹴动或触及，或者被任一活球正常击中即为活球。半活球可以在任何时间向任何方向、任何距离前进，无攻击权。

死球或半活球可以被发球击活，但被击活球要复位。此后若正当发球方蹴球，只能用发出的球蹴球。

（3）活球：死球或半活球出停球区后，成为活球。

（二）比赛场地

（1）场地：10m×10m 的正方形、平坦地面。

（2）发球区：在场地四角，以角为圆心画一半径为 50cm 的扇形面，并按逆时针方向编号为 1、2、3、4 的发球区。

（3）停球区：在场地正中心画一半径为 20cm 的圆圈。

（4）中心圆：在场地中央画为一个半径为 2.4m 的圆圈。

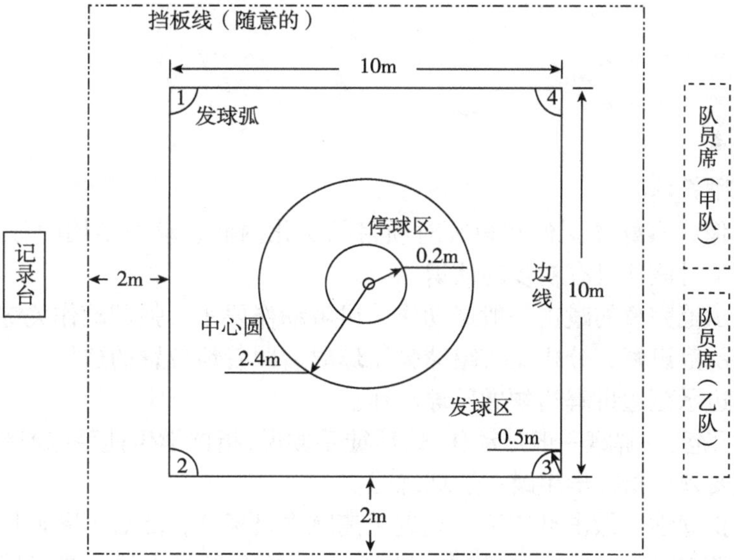

蹴球场地示意图

图 5

（三）比赛用球

比赛用球选用地掷球，球的直径为 10cm ±2cm，重量 920g±10g 硬塑实心球。比赛用球分两种颜色，分别标有①、②、③、④号，①、②号为一种颜色，③、④号为一种颜色。

第四节　教学探讨

一、技能目标

通过学习，掌握蹴球的蹴击球和蹴回旋球的基本技术，基本理解蹴球比赛的基本规则，达到能够组织蹴球的教学与训练能力。

二、教学内容

（一）蹴球运动的简介。

（二）蹴击球、蹴回旋球。

（三）教学比赛

三、教学重点与难点

蹴击球的准度和力度的把握；蹴球比赛规则的理解。

四、教法参考

（一）蹴球运动简介

学生成多列横队站立，教师介绍蹴球运动的起源、场地、器材、发展状况。组织如图所示。

× × × × × × × × ×

× × × × × × × × ×

▲

（二）教师教法

（1）看录像或多媒体课件和教师对项目的文化内涵、动作结构的分析及主要规则的介绍，让学生对该项目有初步的认识。

（2）教师示范完整的蹴击一般球动作，讲解动作要领，强调动作关键。

（3）教师示范讲解、分析比较蹴球脚压球时后跟着地位置的选择。

（4）教师边示范边讲解边领做压球动作。

（5）教师示范、讲解蹴一般球动作，然后徒手领做，指挥学生徒手练习蹴一般球动作，边练习边强调要领；指挥学生蹴一般球练习。

（6）教师指挥学生做击准练习：先近距离蹴击目标球，然后不断地加长距离练习。

（7）体会蹴球力度练习：在蹴击球的方向，画多条标志线，进行蹴击球的练习，体会用力感，使蹴出的球在第几条标志线附近停止滚动。

（8）教师示范、讲解蹴回旋球蹴球脚后跟着地点的选择、压球部位，指挥学生练习动作，教师检查帮助学生改进动作。

（9）教师示范蹴回旋球动作，讲解动作要领，强调动作关键：最后用力；安排学生练习蹴回旋球，教师巡回指导，帮助学生改进动作。

（10）选择四位同学进行双蹴比赛，教师当裁判，指导学生进行比赛，在比赛过程中，对学生的技、战术即时讲评，帮助学生理解规则。

（11）二对二进行双蹴教学比赛。

（12）教师讲评在教学中学生练习技术、运用技术、理解规则所存在的不足及改进的方法。

第三章　珍珠球

第一节　珍珠球运动概述

珍珠球运动广泛流传于我国东北满族人民聚居地区，是满族民间传统体育项目，是京旗文化的重要体育活动内容，起源于生产劳动——采珍珠。据记载，远在清太祖努尔哈赤时代，居住在白山黑水的满族青年男女在采珍珠之余，欢庆丰收之际，在陆地上用“绣球”比做大颗珍珠，竞相往鱼篓里投，投中者预示未来能采到更多的珍珠。为了表示出与风浪搏斗的艰险，把蛤蚌神化成“蛤蚌精”张开贝壳，防止珍珠被夺走。于是，一种攻守兼备的民族球类项目出现了。公元 1644 年清军入关，定都北京，满族人又把这项活动带到京城，供八旗贵族子弟游戏，随着大批满族陆续进入关内，八旗兵被派往全国各地重镇驻防，家属也随军迁入，于是，珍珠球这项传统体育项目由东北地区向关内如北京、河北、山东等地传播。清乾隆九年（1744 年），3000 户京城贵族子弟奉旨到五常市拉林地区屯垦戍边，又将其带到拉林地区，至今已有 262 年。2007 年黑龙江省将珍珠球申请国家予以保护的同时，将其列入黑龙江省非物质文化遗产名录之中。

珍珠球运动以其激烈的对抗、精妙的配合以及浓郁的文化内涵，发展的前景非常好，1984 年由北京市民族传统体育协会在传统珍珠球游戏的基础上，进行整理和改造，对其场地、器材及规则进行改进与完善，经过不断地演化，逐步成为一项独特的少数民族运动项目，1991 年被列为第四届全国少数民族传统体育运动会的正式比赛项目，在第四届全国少数民族传统体育运动会上被列为正式竞赛项目以来，发展速度很快，从 1991 年到 2003 年其间共经历四届全国少数民族传统体育运动会，在短短的 12 年中，由第四届参赛的 8 支运动队（男 4 队，女 4 队）发展到第七届参赛的 29 支运动队（男 18 队，女 11 队）。由原有较为简单的技能知识发展到具有较为丰富内容的理论教科书。当然珍珠球运动的发展过程还存在不少问题需要解决，如进一步完善竞赛规则问题、如何解决易攻难守问题等。

以前，珍珠球比赛时间为 30min（上、下半场各 15min），每队出场人数为 6 人，其中水区各队出场 3 人，抄网手每抄到一球得一分；2003 年第七届全国少数民族传统体育运动会，每场比赛时间改为 40min（上、下半场各为 20min），每队出场人数由原来的 6 人增加到 7 人，主要增加水区的出场人数，由原来的 3 人增加到 4 人，抄网手每抄到球就得 1 分或 2 分，另外在得分区和封锁区之间新增设一个隔离区，主要是控制双方运动员身体或器械间的接触。

比赛时，每队同时上场 7 人。其中水区的双方各 4 人，队员可向任何方向传、接、射、滚、运球，力争将珍珠球投入站在本队得分区持网队员的网兜内，并设法有效阻止对方获得珍珠球或进攻得分。由于水区队员所要掌握的技、战术和篮球、手球极为相似，因此，对有一定篮球、手球技术基础的人而言，掌握珍珠球水区技、战术就相对简单些。水区队员的任务是最为艰巨的，他们是决定着本队在比赛中取胜的重要砝码，因此对水区运动员来说，首先要尽快提高控制球和支配球的能力，特别是单兵作战的能力。而封锁区的双方各上 2 名队员，每人双手分别手持蛤蚌形状的拍，在封锁区用挡、夹、按、捅等技术动作，从不同方向阻挡对方水区队员投、滚来的珍珠球，并迅速地将珍珠球用拍子夹住，传给本方水区队员。持拍队员是防守的第二道防线，也是破坏对方进攻的最后一道防区，因此，他们除了要有一定的身高之外，也应具备很好的观察能力、判断能力、反应能力等。同时，他们是最能体现珍珠球运动项目特征的部分。得分区双方各上场 1 名队员，手持一个网兜，在得分区内原地或移动接本方或对方投、滚来的珍珠球，并以在规定的时间内抄球得分最多者为胜。抄网手就相当于一个移动的篮筐，可以自由地抄接各种不同方向“飞”来的球，他手上的网兜就好比一根指挥棒，指挥着不同的打法，全队的打法基本上是围绕着他的特点来设计和实施。因此，从某种意义上说，抄网手是一个队得分的关键，也是比赛场上的一个亮点。他抄到的球是高分球（2 分）还是低分球（1 分），都直接决定着比赛的胜负。因此，在选择抄网手时，除了身高要尽可能接近规定的高度（1.95m）以内，还要具有较好的灵活性、协调性、柔韧性、弹跳力和判断力。

（2011 年贵阳第九届全国少数民族运动会珍珠球比赛，笔者拍摄）

第二节　珍珠球技术

一、水区技术

（一）传、接球技术

传接球是水区队员在比赛中向对方场区推进的重要手段，通过传接球可以达到迅速将球转移，避开对方队员夹击防守，组织有效的进攻。

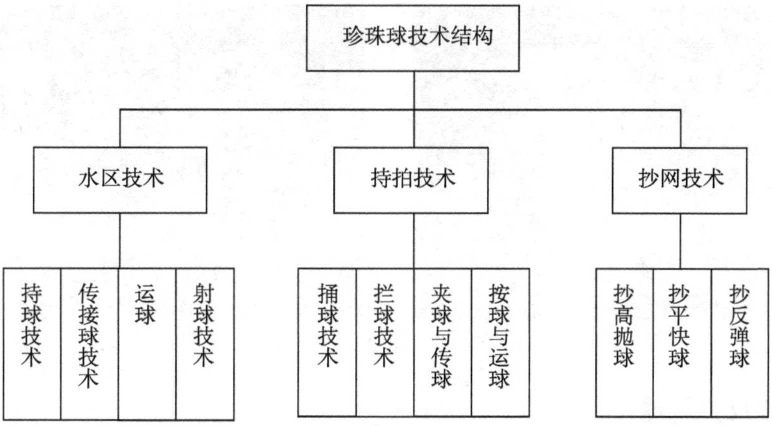

1. 单手传球

（1）单手肩上传球

动作方法与要点：单手持球将球引至右肩上方，向后引臂，然后，向前挥臂，屈腕，将球传出（图 1）。

图 1

（2）单手低手抛球

动作方法与要点：单手持球于体前或体侧，传球时，前臂外旋，掌心向传球方向，前臂前摆，屈腕拨球，将球传出（图 2）。

图 2

（3）单手反弹传球

动作方法与要点：单手持球，向后引臂，通过摔臂、扣腕击向地面，反弹后传给队友（图 3）。

图 3

（4）单手平推球

动作方法与要点：屈臂持球于胸前或体侧，掌心向外，伸臂扣腕将球传出（图 4）。

图 4

（5）单手身后传球

动作方法与要点：单手持球后摆至体侧腰部，掌心向对侧，随后甩臂扣腕，将球传出（图 5）。

（6）单手头后传球

动作方法与要点：单手持球，单手持球引臂至肩上，翻腕掌心向传球方向，前臂屈摆扣腕将球传出（图 6）。

图 5

图 6

（7）单手甩腕传球

动作方法与要点：单手持球于腹前，转腕，掌心向传球方向，同时，前臂带动手腕向传球方向甩动，将球传出（图 7）。

图 7

2. 双手传球

（1）双手胸前传球

动作方法与要点：双手持球于胸前，翻腕，双臂同时伸臂，然后，抖腕拔指将球传出（图 8）。

图 8

（2）双手低手抛球

动作方法与要点：双手持球，前臂上摆，将球抛出（图 9）。

图 9

（3）双手传反弹球

动作方法与要点：双手持球于体前，伸臂抖腕将球击向传球方向的地面，将球反弹传出（图 10）。

图 10

3. 接球

（1）双手接头上球

动作方法与要点：双臂上伸，掌心斜向前，手触球后，两臂稍外旋两手握球，顺势引至胸前（图 11）。

图 11

（2）双手接平球

动作方法与要点：面对来球，伸出双臂，掌指向前，触球后握球屈臂缓冲，引球至胸前（图 12）。

图 12

（3）双手接低球

动作方法与要点：面对来球，屈膝下蹲伸臂，双手呈半弧形，掌心斜向上，触球后，双臂屈收于胸前（图 13）。

图 13

4. 水区队员传接球的练习方法

（1）两人原地传、接球练习

侧重对单手肩上传球、单手低手传球、单手体侧传球和单手传反弹球的练习。

（2）三角跑动传接球。

三路纵路站在一等圆周上，面向圆心，由前向后依次传接球，传球后到下一组队尾站队。

（3）两人传一人抢练习。

在限定的区域内，两人传接球，一人抢断球练习。

（4）N 位围成一圈传接球，圈内 N-1 或 N-2 名抢断球。

（5）两人行进间传接球练习。

在跑动中进行各种传接球练习。

（6）两人一组，一人传球，另一人纵向移动接球。

画两个点，为前后移动的区间，一人在正面传球，另一人在区间内前后移动接球。

（7）两人一组，一人原地，另一人横向移动传接球。

画两个点，为左右移动的区间，一人在正面传球，另一人在区间内左右移动接球。

（8）三人绕“8”字传接球。

三人成“8”字跑动，在跑动中传接球练习。

（二）运球技术

相比较于篮球，珍珠球球体较小重量轻，在水区运球时，运动员对球的“驾驭”比篮球要困难得多，因此，在珍珠球训练中教练员非常重视运球技术的训练。

1. 原地运球

（1）原地高低运球

动作方法与要点：以肘为轴，上臂带动手掌一高一低按拍球的后侧上方（图 14）。

图 14

（2）原地正面不换手变向运球

动作方法与要点：两脚左右开立，屈膝下蹲，以肩为轴，手按拍球与拉拍球结合，在体前运球（图 15）。

图 15

（3）原地体侧不换手前后运球

动作方法与要点：两脚前后开立，屈膝下蹲，以肩为轴，手按拍球与拉拍球结合，在体侧运球（图 16）。

图 16

（4）原地体前换手变向运球

动作方法与要点：一手按拍球的同侧上方，然后，另一手按拍球的另一侧的侧上方，在体前双手交替运球（图 17）。

图 17

（5）原地绕脚运球

动作方法与要点：一手按拍球从身体一侧按顺时针或逆时针方向，换手后绕身体运球（图 18）。

图 18

2. 行进间运球

（1）运球急停、急起

动作方法与要点：急停时，用手按拍球的前上方，并跨步急停；急起时，后脚蹬地起动，按拍球的后上方（图 19）。

图 19

（2）后转身运球

动作方法与要点：向左转身的同时，右手将球拉至身体右侧前方，然后换手运球从左侧超越对手（图 20）。

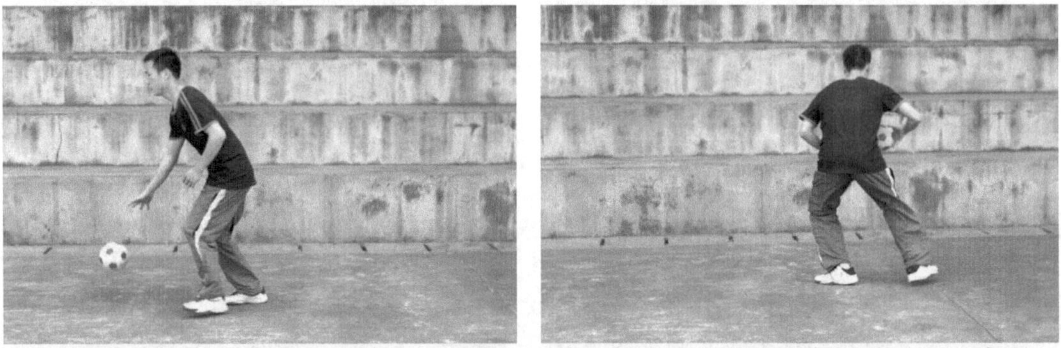

图 20

（3）行进间换手变速运球

动作方法与要点：欲左先右跨步移重心，球移至右前方，右手按拍球的右侧上方将球拉回左侧后方，换左手运球，右脚向左前跨步超越对手（图 21）。

图 21

（4）行进间不换手变向运球

动作方法与要点：欲右先向左移重心做假动作，球移至左侧前方，突然将球拉回右侧，并侧身快速突破对手。

3. 运球练习

（1）做各种原地运球练习，体会动作要领。

（2）绕珍珠球场地做行进间高运球练习。

（3）绕珍珠球场地做急停急止运球、换手变向、不换手变向、转身变向等形式的运球练习。

（4）两人一组，一人运球行进，一人防守练习。

（三）射球技术

珍珠球的射球技术主要分为单手投射球技术、单手推射球技术和打反弹球三大类。

1. 单手投射技术

（1）原地单手投射技术

动作方法与要点：双手持球，左脚跨步起跳，右手持球将球引到右肩后侧方，以肩为轴，前臂迅速向前挥摆，扣腕拔指将球射出（图 22）。

（2）跳起单手投射技术

动作方法与要点：右手持球，将球引到右肩后侧方，以肩为轴，前臂迅速向前挥摆，扣腕拔指将球射出（图 23）。

图 22

图 23

2. 单手推射技术

（1）原地推射高抛球技术

动作方法与要点：右手持球于右肩上，伸臂、拔指将球推向抄网（图 24）。

（2）跳起推射高抛球

动作方法与要点：左脚上前跨步起跳，右臂屈肘持球于肩上，起跳至最高点时，伸臂抖腕，将球推向抄网（图 25）。

图 24

图 25

（3）单手平快球射网技术

动作方法与要点：单手持球于胸前，快速伸臂拔指将球推向抄网（图 26）。

3. 反弹球技术

（1）正面胯下反弹球

动作方法与要点：面向进攻方向，右手持球，以肩为轴，摆至体后，从胯下将球击向地面（图 27）。

图 26

图 27

（2）正面正手反弹球

动作方法与要点：面向进攻方向，右手持球，以肘为轴，快速摔前臂、抖腕，将球击向地面（图 28）。

图 28

（3）正面反手反弹球

动作方法与要点：面向进攻方向，先向右移重心，突然向左侧身，右手持球上举，以肘为轴，快速摔前臂、抖腕，将球击向地面（图 29）。

图 29

（4）正面转身反手反弹球

动作方法与要点：面向进攻方向，先向右移重心引诱对方防守队员，然后，以左脚为中枢脚下，突然按顺时针方向转身，右手持球快速摔前臂、抖腕，将球击向地面（图 30）。

（5）背向正手反弹球

动作方法与要点：背向持拍的防守队员，右手持球，经体前摆至左腋下，抖腕将球击向地面（图 31）。

图 30

图 31

（6）背向反手反弹球

动作方法与要点：背向持拍的防守队员，右手持球，以肘为轴，快速摔前臂、抖腕，从右腋下将球击向地面（图 32）。

图 32

（7）背向胯下反弹球

动作方法与要点：背向持拍的防守队员，右手持球，以肩为轴，快速摔臂、抖腕，将球从胯下击向地面（图 33）。

图 33

4. 射网技术的练习

（1）原地射网

①点射点，无防守原地高抛、高推射网练习。

②点射点，水区队员防守原地高抛、高推射网练习。

③点射点，一人持拍和一名水区队员防守，原地高抛、高推射网练习。

④限制区前，无防守做原地平推球、正面反弹球、背面反弹球等射网练习。

⑤限制区前，水区一人防守，做原地平推球、正面反弹球、背面反弹球等射网练习。

⑥限制区前接传球，水区一人防守，接球后原地做各种射网练习。

⑦限制区前接传球，水区一人防守，接球后，以一脚为中枢脚，做转身动作后练习各种形式的射网动作。

（2）行进间射网练习

①无防守，中圈运球跳起做高抛、高推射网练习。

②无防守，中圈运球至限制区前急停做平推、反弹球等射网练习。

③无防守、有一名水区队员防守，中圈运球至两侧边线，场内起跳，场外空中高抛、高推射网练习。

④一名水区队员防守，从后场运球至前场，做原地平推球、正面反弹球、背面反弹球或跳起做高抛、高推等射网练习。

二、封锁区队员的技术

封锁区队员的防守是防守方最后一道屏障，也是最重要的一道防守线。珍珠球比赛有易攻难守的特点，封锁区队员的防守就显得非常重要。持拍队员常用挡球、夹球、捅球等技术来防守进攻的球。

（一）挡球

动作方法与要点：面对来球，判断来球路线，原地或跳起，用拍面将球拦截（图34）。

图 34

（二）夹球和传球

动作方法与要点：当封锁区队员控制住球后，两拍面相对，两臂向内用力将球夹住；传球时，屈臂，快速伸前臂，同时松臂将球传出（图 35）。

图 35

（三）捅球

动作方法与要点：当球飞行的高度相对较高，采用的一种处理球的方法。判断来球，要及时判断好来球路线和高度，调整好脚步和手持拍柄最下端，用拍顶捅球的下方，使球向后上方弹起，增加球运行的高度和远度（图 36）。

图 36

（四）持拍队员技术动作的练习

1. 持拍队员可先徒手练习动作。

2. 持拍队员持拍做无对抗性动作练习。

3. 其他队员练习射网动作时，持拍队员持拍防守，增加对抗性练习。

三、抄网员技术

（一）抄高抛球技术

动作方法与要点：准确判断来球方向、落点，跳起，伸臂，运用不同的技术动作抄不同方位的球（正面高球，侧面前球，身后球）（图 37）。

图 37

（二）抄平快球技术

动作方法与要点：抄平快球时，翻腕立网，网口对来球，伸臂迎球，迅速将水区队员射出的平快球抄入网内后，翻腕（图 38）。

图 38

（三）抄反弹球技术

动作方法与要点：抄球时网面要斜向下方，进球的一瞬间要及时向上翻转手腕（图 39）。

图 39

第三节　战　术

珍珠球运动是一项集体性项目，它必须依靠两名以上的队员的配合，才能完成一次可能的得分配合。因此，战术对珍珠球比赛而言尤为重要。

体育比赛的战术是指，

不同运动形式的体育竞技的战术，应按照其项目的运动特点设计比赛战术，以赢得比赛的主动。根据珍珠球运动的特点，可分为水区队员的战术、持拍队员的战术、持拍队员与防守队员的战术、抄网队员与进攻队员的战术。

战术练习一：C 将球传给 A，向左（右）做假动作，从右（左）突破 B 行进间接 C 传球，跨步起跳射网。如图 40。

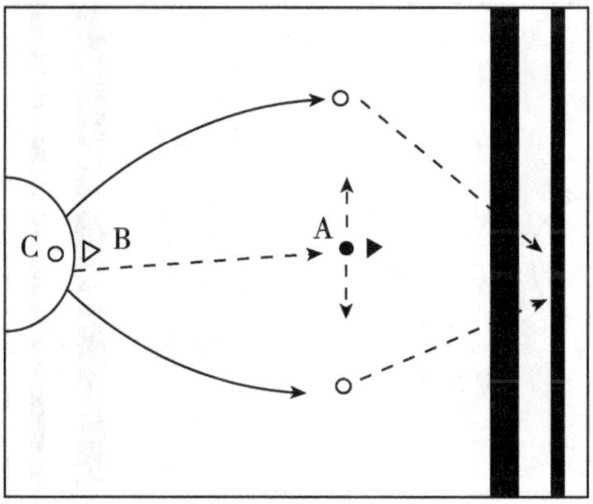

图 40

战术练习二：C 将球传给 A，向左（右）做假动作，向右（左）从 A 的左侧（右侧）挤过，接球，直接地弹球、平射球射网、跨步起跳高抛射网。如图 41。

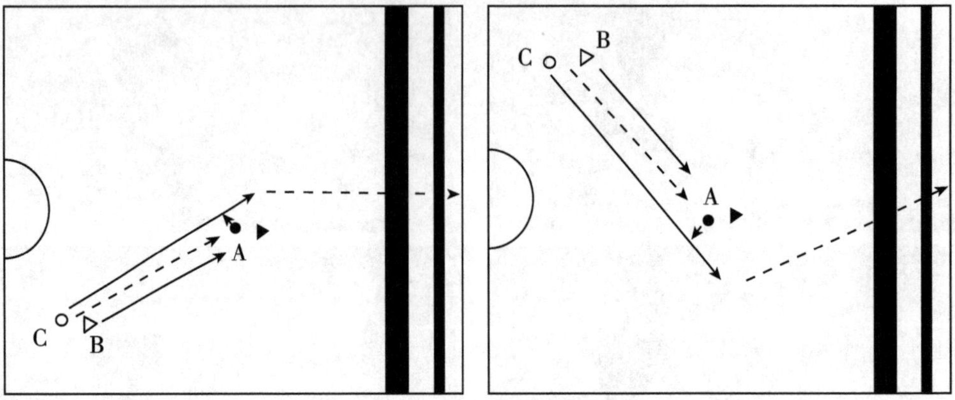

图 41

战术练习三：C 将球传给 A，向左（右）做假动作，从右（左）突破 D 接 C 反弹传球，B 侧移换防已突破 D 的 C，A 转身侧后移，接 C 反弹球射网。如图 42。

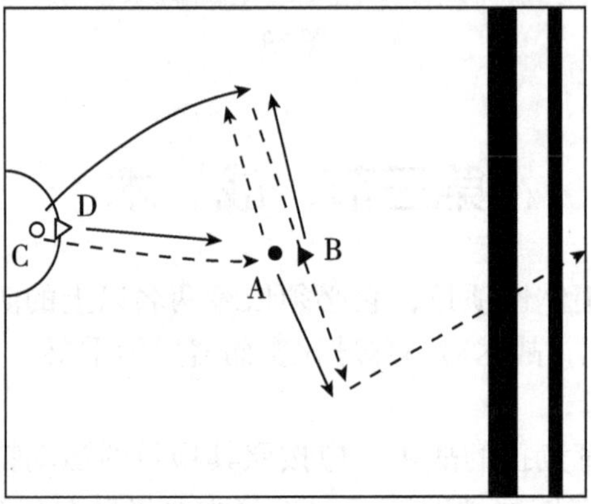

图 42

战术练习四：C 从平行于限制线的方向由右向左运球，反手反弹传球，A 突破 B 后接球射网。如图 43。

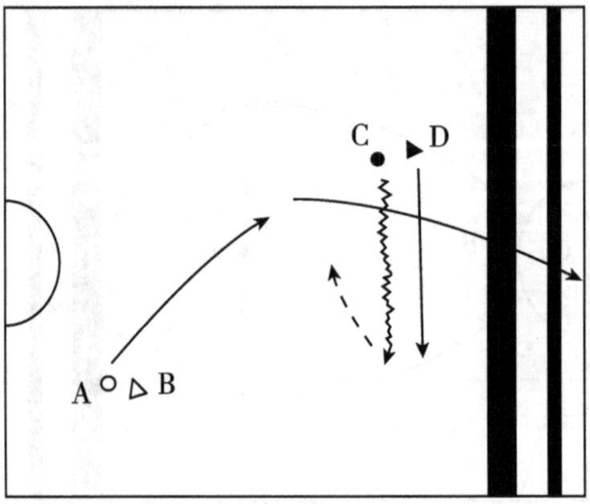

图 43

战术练习五：C 移动至 D 侧，为 A 做掩护，并吸引 D 跟随，A 向左侧运球摆脱 B 的防守，当 D 向 A 移动协防时，C 转身向进攻方向移动，接 A 传球射网。如图 44。

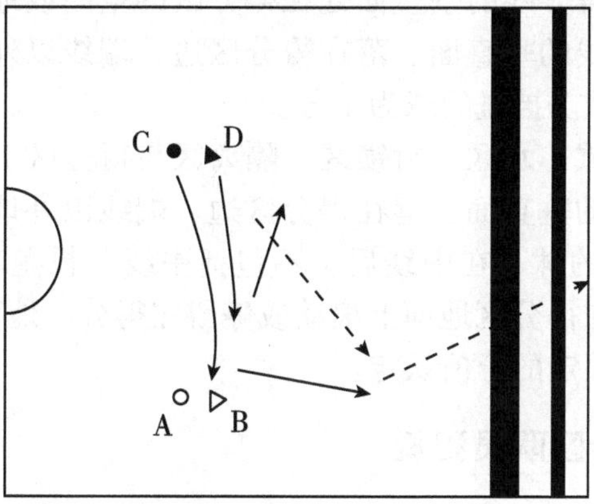

图 44

第四节　主要规则

一、珍珠球比赛

每场珍珠球比赛由两个队参加，每队上场 7 名队员。水区内双方各有 4 名队员负责进攻或防守。进攻者可将球向任何方向传、拍、滚、运，目的是向抄网投球并得分。防守者阻止对方获得球并得分；每队有 1 名持抄网的队员在得分区内活动，用抄网试图抄中本方水区队员投射来的球（珍珠）；封锁区内有 2 名持球拍的防守队员，用球拍封挡、拦截由水区进攻队员向得分区投射的球，以阻止进攻队得分。比赛结束时得分多者为胜。

二、比赛时间

比赛分上、下两个半时，每半时 15 分钟，中间休息 10 分钟。如果下半时终了时得分相等，要延长 3 分钟作为决胜期继续比赛。必要时要延长几个这样的 3 分钟，直到分出胜负为止。在所有决胜期中，球队按下半时的进攻方向进攻，全队累计犯规及罚则延续到每一决胜期。第一个决胜期前，主裁判员要召集双方队长，抛币选择发球权。以后每打一个决胜期双方互换一次发球权。下半时与第一个决胜期之间休息 2 分钟。以后的每个决胜期之间只交换发球权、不休息。由主裁判员主持在中圈发球继续比赛。

三、比赛开始

用抛币的方法选择发球权或场区。发球前，除发球队员外，双方水区队员要站在中线后的各自的水区内。发球权的队由一名水区队员持球站在中圈本方场区的半圆内，将球传给中圈外的水区队员，即为比赛开始。球出手后，在球出中圈前或球触及其他水区队员之前不得触球。

四、得分

抄中整个球体越过得分线的垂直面处在得分区的空间或地面上；整个球体在空中越过得分线及其延长虚线的垂直面、落在得分区边、端线以外地面之前的球，或任何经持拍队员身体（含器械）挡碰的球为1分。

抄中投射到比赛区域（水区、封锁区、隔离区与得分区）地面上的反弹球，弹起后整个球体越过得分线的垂直面、落在得分区边、端线以外地面之前，且不经抄网队员身体（含器械）挡碰的球、在中线后（不包括中线）投抛球入网抄中均判得2分。球可能多次接触地面或在得分区地面上滚动或停留在得分区地面上，只要符合1分或2分的限定，抄中仍以所限定的分值认定。

五、封锁区与得分区队员犯规

持拍队员身体的基本姿势应正对或侧对水区（不允许面对持网队员），转身或移动的过程中亦不许将身体的正面朝向持网队员。持拍队员不得用手、臂及膝以下部位主动触球。获球后或将球封挡在封锁区内后应在5秒钟内将球用球拍抛传给限制区或水区内的同队水区队员。防守时持拍队员身体的任何部位（含器械）不得越过得分线的垂直面进入得分区空间或触及得分区的地面，更不能进入得分区触及得分区内的球或与持网队员发生身体（含器械）接触。

珍珠球比赛对持网队员的身高有限制：女队员身高不得超过1.90m，男队员身高不得超过1.95m。持网队员不得用手（持网手除外）、臂及膝以下部位主动触球；在得分区内，如不能一次抄球入网，可用抄网的任何部位（含持网的手）连续触球；持网队员身体的任何部位（含器械）不得触及隔离区地面，不得越过得分线的垂直面进入隔离区空间，不得触及处在隔离区内的球；在得分区抄采整个球体越过得分线的垂直面进入得分区的球时，只有在不与对方持拍队员发生身体（含器械）接触的情况下，允许抄网的部分兜口和网兜越过得分线的垂直面；持网队员可以在得分区内抄采飞越边、端线上空及边、端线垂直面的球。但向边线外抄球时，球的位置仍受得分线延长虚线的限制；持网队员身体及器械的任何部位不得越过得分线的垂直面与对方持拍队员发生身体及器械接触。

六、得分区队员犯规

一名队员不论侵人犯规或技术犯规共达5次时，在得到通知后必须自动退出比赛。每半时，一个队的队员侵人犯规、技术犯规次数累计8次后，所有以后发生的队员的侵人犯规都要判罚一次点球和一次掷界外球，点球由受侵犯的队员执行。对正在投球的水区队员犯规，投（抄）中判给得1分或2分，只登记犯规，不再处罚，按抄（投）球入网得分的规定继续比赛。投（抄）不中，判给受侵犯的队一次点球，由受侵犯的队员执行。

第五节　场地与器材

一、场地

珍珠球比赛场地为长 28m、宽 15m，长边为边线，宽为端线，由端线向内分别为得分区（0.8 m）、隔离区（0.4m）、封锁区（1m）、限制区（0.8m）和水区（22m）（图）。

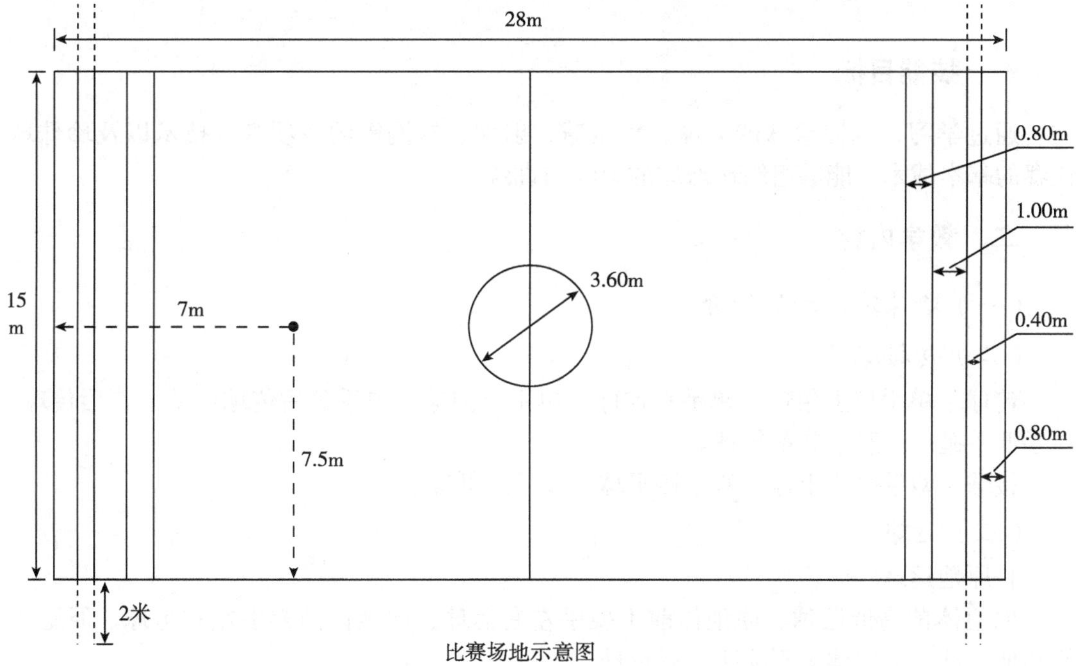

比赛场地示意图

二、器材

（一）球

珍珠球为圆形，球的周长为 54–56cm，已经有专门生产用于珍珠球比赛的球，球的外壳用皮革或橡胶制成，内装球胆，表面应为珍珠（白）色。重量 300–325 克。20 世纪末、21 世纪初曾用儿童足球（7 号足球）代替。

（二）拍

球拍为蛤蚌壳形状，用木板和硬塑料制成。球拍长 35cm，厚度为 0.5–0.6cm。球拍柄为圆形，长 15cm，直径为 3–4cm。正规比赛用拍是用具有韧性的树脂材料制成。

（三）抄网

抄网为圆形，用木头和硬塑料制成。网圈用圆形金属条制成（金属条直径为 0.4–0.42cm），兜口内宽 25cm。抄网兜用细绳或尼龙绳织成，网深 30cm，网眼为 3–3.5cm 见方，网兜颜色为深色。网柄呈圆形，长 15cm，直径为 3–4cm。

珍珠球、珍珠球拍及抄网见图

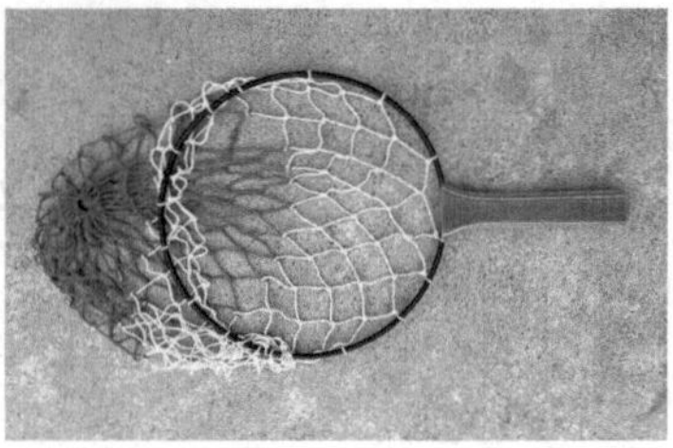

第六节　教学探讨

一、技能目标

通过学习，掌握珍珠球运球、传接球、射网、抄网等的各项基本技术以及珍珠球比赛的基本战术，能够组织珍珠球的教学与训练。

二、教学内容

（一）珍珠球运动的简介

（二）传接球

传球：单手肩上传球、单手平推球、单手反弹球、单手颈后传球、单手背后传球、单手低手抛球、双手胸前传球。

接球：双手接头上球、双手接平球、双手接低球。

（三）运球

1. 原地运球

原地体前高低运球、原地体前不换手左右运球、原地体前换手左右运球、原地体侧高低运球、原地体侧不换手前后运球。

2. 行进间运球

运球急停急起、换手变向运球、后转身变向运球、背后换手变向运球、换手胯下变向运球。

（四）射网

1. 射高抛球

投射高抛球、推射高抛球。

2. 射反弹球

正面正手反弹球、正面反手反弹球、背向正手反弹球、背向反手反弹球。

3. 射平射球

双手胸前平推球、单手胸前平推球、单手反手平射球、单手正手平射球。

（五）抄网

1. 抄高抛球

2. 抄反弹球

3. 抄平射球

（六）持拍队员技术

挡球、捅球、夹球与传球

（七）教学比赛

三、教学重点与难点

射网和抄网技术；比赛规则的理解。

四、教法参考

（一）珍珠球运动简介

学生成多列横队站立，教师介绍珍珠球运动的起源、场地、器材、发展状况。组织如图所示。

××××××××××

××××××××××

▲

（二）传接球

1. 学生成多横队相向而立，教师示范单手肩上传球动作，然后，边示范、边讲解动作要领，强调动作关键和易犯错误。

2. 两人一组相距一定距离，进行单手肩上传球练习，体会传球的“引臂、甩臂、抖腕”的动作要领，教师巡回指导，帮助学生理解和掌握动作。

3. 单手平推球、单手反弹球、单手颈后传球、单手背后传球、单手低手抛球、双手胸前传球等传球动作组织教法可参考高抛球组织教法。

4. 两人一组，相距一定距离相向站立，一人原地，另一人前后移动，两人进行各种传接球动作的练习。

5. 两人一组，相距一定距离相向站立，一人原地，另一人左右移动，两人进行各种传接球动作的练习。

6. 将全班分成人数均等的三组，以纵队成三角形站立，面对圆心，运用抖腕、低手抛球、反弹、平推球等传球方式，进行三角传球练习。

7. 两人一组，行进间传接球练习。

8. 三人一组，绕“8”字传接球练习。

（三）运球

1. 教师示范各种原地正手高低运球动作，简要讲解动作要领。

2. 教师组织学生练习。

3. 原地正面不换手左右运球、原地正面换手左右运球、原地侧面不换手前后运球等原地运球方法组织教法可参考原地正面运球组织教法。

4. 两人一组，运球的同时，抢断对方的球。

5. 行进间急停运球。

6. 行进间换手正面变向运球。

7. 行进间不换手正面变向运球。

8. 行进间背后换手变向运球。

9. 成一路纵路绕边线和端线做各种运球练习。

10. 两人一组，从一侧端线向另一侧端线，一人运球行进，另一人防守。

（四）射网

1. 高抛射球

（1）教师示范单手推射高抛球动作,然后,边示范、边讲解动作要领,强调“推”“射”的动作关键和球运行的适宜线路。

（2）两人一组，相向而立，进行单手推射高抛球练习。.

（3）画一条与端线平行、经过点射点的直线,将全班同学分成两组,站立于该直线后,练习原地单手推射高抛球动作，要求球行弧度大、落点在端线后 1m 的区域内。

（4）第（3）练习的基础上，得分区增加一名抄网队员，射网和抄网配合练习。

（5）第（4）练习的基础上，封锁区增加一名防守队员（不持拍）。

（6）第（5）练习的基础上，防守队员持拍防守。

（7）其他高抛射球动作的组织教法可参考单手推射高抛球动作的组织与教法。

2. 平射球

（1）双手胸前平推推球

①教师示范双手胸前平球动作，然后，边示范、边讲解动作要领，讲解双手胸前平推球在比赛中适用条件。

②隔离线后 2m，原地练习双手胸前平推球动作（无防守）。

③背向抄网队员，接中线传球队员传球，做左跨步或右跨步，练习双手胸前平推球动作，如图。

④中线传球，然后，前跑进，接传球，做双手胸前平推球练习。

（2）单手胸前平推球、单手正手平推球、单手反手平推球的教学组织可参考双手胸前平推球教法。

3. 反弹球

（1）教师示范正面正手反弹球动作，然后，边示范、边讲解动作要领。

（2）组织学生原地无防守练习动作。

（3）水区队员防守，练习原地正面正手反弹球动作。

（4）背向防守队员，接球，左跨步或右跨步面对水区防守队员，练习正面正手反弹球动作。

（5）中线开始，一攻一防向前推进至隔离线附近，进攻者做正面正手反弹球练习。

（6）正面反手反弹球、背向正手反弹球、背向反手反弹球组织教法可参考正面正手反弹球教学。

（五）抄网

1. 抄网教学应结合射网练学进行，高抛射网——抄高抛球；平射球——抄平射球；反弹球——抄反弹球，各抄网动作逐一教学。

2. 教师分别示范跳起侧向抄高抛球和跳起向前抄高抛球动作，讲解动作要领，强调判断来球轨迹的重要性，以及抄球入网时屈腕的动作关键。讲解珍珠球比赛中，规则对抄网动作的要求。

3. 在无防守队员情况下，练习抄近距离的射球，然后，逐渐拉大射球者射球距离，侧向抄高抛球和跳起向前抄高抛球练习可交替练习。

4. 在有持拍队员防守的情况下练习抄网练习。

5. 练习抄水区队员行进间投出的高抛球。

6. 练习抄水区队员一攻一防投出的高抛球。

7. 练习移动跳起抄高抛球。

8. 抄水区队员各种形式投出的高抛球练习。

9. 抄平射球和反弹球教学组织，可参考抄高抛球教学方法。

10. 全班同学轮流练习抄网。

（六）持拍队员技术

1. 教师讲解持拍方法，以及规则对持拍防守的规定。

2. 教师示范持拍拦球动作，讲解动作要领。

3. 教师示范持拍捅球动作，讲解动作要领。

4. 教师示范持拍夹球动作，讲解动作要领。

5. 讲解各种持拍防守动作的运用。

6. 在水区队员练习各种射网动作的同时，持拍队员练习各种持拍防守。

（七）战术（水区队员配合）

1. 教师示范（与体育骨干）战术的练习形式、跑动路线、传接球时机等。

2. 讲解练习的要求、战术配合的意图。

3. 安排学生进行练习，教师指导、讲评，帮助学生理解战术意识。

第四章　毽球

第一节　毽球运动概述

毽球起源于古代的踢毽子，踢毽子也称“踢箭子”，踢毽子历史悠久，为古代蹴鞠运动演变而成。

据宋人高承《事物纪原》记载：“今时小儿以铅锡为钱，装以鸡羽。呼为毽子，三五成群走踢，有里外廉、拖枪、耸膝、突肚、佛顶珠、剪刀、拐子名色、亦蹴鞠之遗事也。”毽子以布或皮缝裹小钢铁为底座，上插一束鸡毛。踢法有盘踢、拐踢、蹦踢、间踢等。比赛形式多样，单人赛有比踢数、比花式等。集体赛则在场子中央划一宽约1m的“河”，将场子平分为二，每队各站一区。一队先将毽子踢过“河”，对方需在毽子落地前或第一次着地反弹起时将毽踢回对区，如此反复往返，一方未能将毽踢回对方区域者即失一分，以10分为一局，采取五局三胜制，称为“踢过河毽”。

明人刘侗所著《帝京景物略·卷二·春场》中引当时民谣说：“杨柳儿活，抽陀螺；杨柳儿青，放空钟；杨柳儿死，踢毽子；杨柳儿发芽儿，打拔儿。”清人富察敦崇所著《燕京岁时记》中说：“京师十月以后，则有风筝、毽儿等物。”踢毽子是明清时期一项很流行的民间体育活动。

踢毽子的方法和动作都是由宋代的蹴鞠演变而来，宋人高承的《事物纪原》和富敦崇的《燕京岁时记》中都说得十分清楚。但踢毽子流行之后，其动作花样及灵巧性都胜过了蹴鞠。“盈盈态，妙逾蹴鞠，巧甚弹棋。”（陈维崧《咏毽子》）因为毽子较足球为轻，踢起来容易掌握。“千姿万状，高下远近，旋转承接，不差铢黍，其中套数家门凡有百十种。”（阮葵生《茶余客话》）描述踢毽子的活动特别得到了妇女和儿童的喜爱。

城市中也有富家子弟喜欢踢毽子。清代的广州元宵节，“昼则踢毽五仙观，毽有大小,踢大毽者市井人,踢小毽者豪贵子。”（屈大均《广东新语》）所谓踢大毽者的市井人，是指专靠表演踢毽子为生的艺人，这种艺人在北京城中也有。潘荣陛所著的《帝京岁时纪盛·岁时杂技》中说：“都门有专艺毽子者，手舞足蹈，不少停息，若首若面，若背若胸，团转相击，随其高下，动合机宜，不致坠落，亦博戏中之绝技矣。”翟灏在《通俗篇·卷三十一》中也说：“今京师为此戏最工，顶、额、鼻、口、肩、腹、膺，皆可代足。一人能兼数敌。自弄，则毽子终日不堕。”《清代竹枝词·燕台口号一百首》中也写了北京城踢毽子的表演：“内外拖枪佛顶珠，一身环绕两人俱。琉璃厂有踢毽子者，两人互接不坠。”由这些材料中可见，明清时期踢毽子活动开展较普遍，其中有以表演踢毽子为职业的艺人。他们具有较高的踢毽子技巧。

踢毽子以花样难度见称，故又称“花毽”。由花毽进一步发展，则是现在的毽球。

毽球是一项新兴的体育运动项目，1984年3月国家体委批准将毽球列为全国的正式比赛项目，毽球运动以其具有的坚实的群众基础，在全国各民族各地区蓬勃发展，在此基础上还成立了中国毽球协会。

目前全国性的毽球比赛有一年一度的全国锦标赛；全国职工甲级赛与乙级赛；全国大、中、小学生邀请赛，以及地方组织的各级各类比赛；是全国少数民族传统体育运动会正式竞赛项目，全国农民运动会比赛项目。

1986 年为了适应毽球运动发展的需要，由国家体委主持制定了《毽球竞赛规则》，1991 年又对规则进行了修改完善，制定了毽球竞赛规则、裁判法，经国家体委审定，已在全国各级各类比赛中正式执行。规则和裁判法的制定与执行，对规范我国的毽球竞赛工作和推动毽球运动的发展都起到了积极的作用。

比赛队由6人组成，上场队员3人，其中队长1人。比赛前，各队应将参加比赛队员（包括替补队员）的姓名、号码登记在记分表上。未登记的队员不得参加比赛。

双方队员必须站在本方场区内。站在靠近球网的两名队员从左至右分别为 3 号位和 2 号位队员，靠近端线的队员为 1 号位队员，场上队员的位置必须与登记的轮转顺序一致。

发球一方，2、3 号位队员在发球队员的前方，彼此间相距不得少于 2m。球发出后，双方队员可以在本方场区内任意交换位置。

（2011 年贵阳第九届全国少数民族运动会毽球比赛，进攻方为广西队队员，笔者拍摄）

第二节　毽球基本技术

一、准备姿势

准备姿势按两脚开立的方向可分为前后开立准备姿势和左右开立准备姿势。

（一）前后开立准备姿势

两脚前后开立，膝关节稍屈，两臂自然弯曲置于体侧。（图 1）

图 1

图 2

（二）左右开立准备姿势

两脚左右开立，两膝稍弯曲内扣重心稍落于两脚之间，两臂自然弯曲置于体侧。（图 2）

二、踢球

根据毽球来球方式的不同，所要完成的任务不同，起球基本技术可分为脚内侧起球、脚外侧起球、脚背起球、腿部起球、胸部起球和头部起球等。

（一）脚内侧踢球

1. 动作方法与要点：大腿带动小腿向前中位置上方摆动，用脚弓内侧面的中部击球（图 3）。

图 3

2. 练习

（1）手持球，一抛一踢。

体会摆小腿、以足弓迎击毽球的动作。

（2）单脚连续用脚内侧踢球、左右脚交替脚内侧踢球。

（3）两人一组，一人抛球，一人起球。

起球后，球的运动轨迹应竖直向上，为下一动作做准备。先弧线抛球，再掷球；先近距离，然后逐渐拉开距离；先无障碍练习，然后再隔网练习，不断增加难度。左、右脚分别练习。

（4）两人一组，一人抛球，一人传、击球。

脚尖向外，直线击球，可直接过网，也可将球传给队友。先弧线抛球，再掷球；先近距离，然后逐渐拉开距离；先无障碍练习，然后再隔网练习。左、右脚分别练习。

（二）脚外侧踢球

1. 动作方法与要点：小腿内翻快速上抬用脚外侧面的中部或中后部击球（图 4）。

图 4

2. 练习

（1）手持球，一抛一踢。

（2）单腿连续练习，左右脚交替脚外侧踢球。

（3）两人一组，一人抛球，一人用脚外侧起球。先近距离，然后逐渐拉开距离，先无障碍练习，然后再隔网练习。左、右脚分别练习。

（三）脚背踢球

1. 动作方法与要点：脚背踢球利用适度的伸膝和踝关节背曲的协调勾脚动作，把球向上踢起（图 5）。

图 5

2. 练习

（1）手持球，一抛一踢。

（2）连续起球。

（3）两人一组，一人抛球，一人用足背起球。先近距离，然后逐渐拉开距离，先无障碍练习，然后再隔网练习。左、右脚分别练习。

（四）腿部起球

动作方法与要点：击球腿自然屈膝，大腿带动小腿由后向前上方快速抬起，用大腿的前三分之一处击球（图 6）。

图 6

2. 练习

（1）手持球，一抛一踢。

（2）连续起球。

（3）两人一组，一人抛球，一人用大腿起球。先近距离，然后逐渐拉开距离，先无障碍练习，然后再隔网练习。左、右脚分别练习。

（五）胸部起球

1. 动作方法与要点：判断来球，屈膝，然后，伸膝挺胸，用胸部主动迎击球（图 7）。

2. 练习

（1）无球情况下，做胸部起球动作的模仿练习。

（2）两人一组，一人抛球，一人胸部起球后接脚内侧起球传回抛球队员，每人练习若干次后交换反复练习。先近距离，然后逐渐拉开距离，先无障碍练习，然后再隔网练习。

图 7

（六）头部起球

1. 动作方法与要点：判断来球方向，先向相反方向屈颈，头颈应有主动迎击球的动作。

2. 练习

（1）无球情况下，做头部起球动作的模仿练习。

（2）两人一组，一人抛球，一人颠球。先近距离，然后逐渐拉开距离，先无障碍练习，然后再隔网练习。左、右脚分别练习。

三、发球技术

根据发球对身体与球网的关系，以及球接触脚的部位不同，发球技术可分为正面脚背发球、正面脚内侧发球、侧身脚背发球等。

（一）正面脚背发球

动作要领：向前方抛球，提收大腿，踝关节绷直，弹踢小腿，脚背正面击球，把球发入对方场区（图 8）。

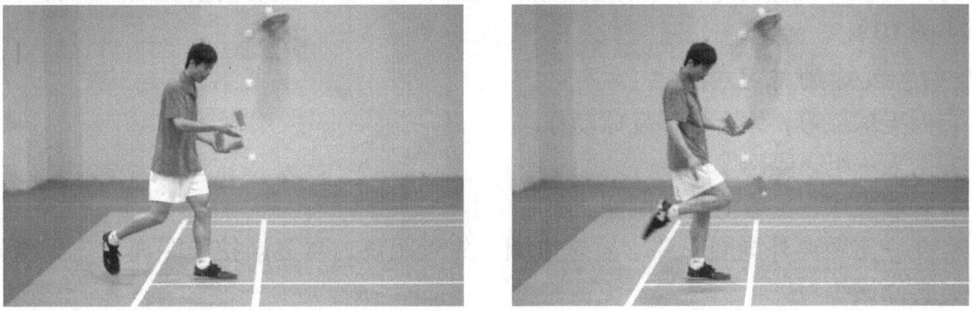

图 8

（二）正面脚内侧发球

动作要领：向侧前方抛球，髋、膝关节外翻，屈膝向前摆动，用脚弓内侧中部将球击出（图 9）。

图 9

（三）侧身脚背发球

动作要领：往侧抛球，踢球腿提膝以大腿带动小腿，由后向前弹踢，以脚背正面击球（图 10）。

（四）发球的练习

1. 做无球练习，体会各种发球动作。

2. 两人一组，隔网发球。

3. 对墙发球，击墙上所画圆圈。

4. 在一定距离外画圈，要求发球进圈。先近距离，再逐渐拉长距离，先无障碍物练习，再隔网练习。

5. 在场内用粉笔在 1、2、3 号位画圈，发球队员将球依次发入圈内。

6. 后场两角区发球。以 50–100cm 为半径画弧线，向区内发球。

7. 在 2、3 号中间靠网前的位置画圈，将球发入圈内。

图 10

四、攻球

攻球技术可分为前踏球、倒勾球和头攻技术三大类。

（一）前踏球

顾名思义，前踏球就是在正面以脚掌击球把球踏入对方的一种进攻手段。根据腿的摆动践线前踏球可分为正面前踏球、里合脚掌前踏球。

1. 正面前踏球

（1）原地正面前踏球

动作要领：勾脚尖，大腿带动小腿迅速向上提摆到最高点，腿下压，用前脚掌击球（图 11）。

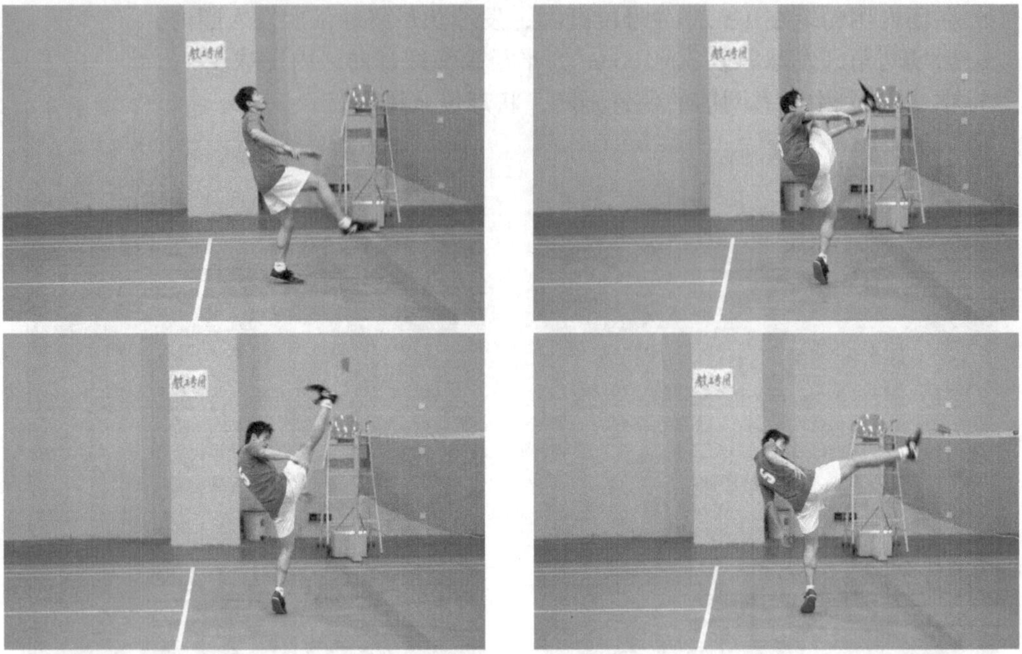

图 11

（2）腾空正面前踏球

动作要领：击球前，起跳腿起跳，摆动腿大腿带动小腿迅速上摆，并快速下压，用前脚掌击球（图 12）。

图 12

（3）正面前踏球的练习方法

①无球模仿练习，体会“鞭打式”下压动作。

②踏吊球练习，在高处用绳、线吊一球，练习前踏球动作。

③自抛自踏练习，自己向前抛球，上步前踏球。先无障碍物练习，再隔网练习。

④自己用脚内侧起球，再练习前踏球动作。

⑤两人一组，一人抛球，另一人利用正脚背、脚内侧或大腿将球传起，然后，自己再练习前踏球动作。先无障碍物练习，再隔网练习。

⑥自抛球，上步练习腾空正面前踏球。

⑦自抛球，用脚内侧起球，再练习腾空正面前踏球。

2. 侧身里合脚掌前踏球

（1）动作要领：击球前，击球腿直腿向上里合摆动到最高点，脚自然绷直，踝关节内翻，快速摆腿用脚掌击球（图 13）。

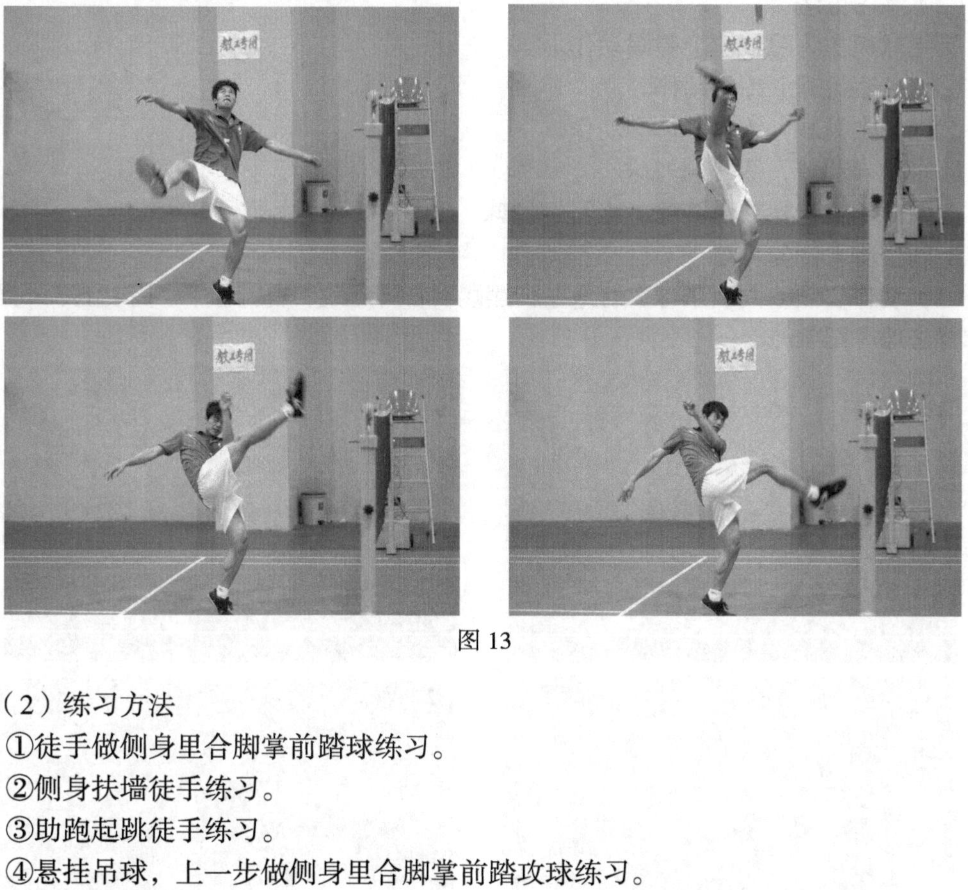

图 13

（2）练习方法

①徒手做侧身里合脚掌前踏球练习。

②侧身扶墙徒手练习。

③助跑起跳徒手练习。

④悬挂吊球，上一步做侧身里合脚掌前踏攻球练习。

⑤自抛自攻练习。

⑥两人一组，一人隔网抛球，攻球者起球做侧身里合脚掌前踏球。

（二）倒勾球

1. 正面倒勾攻球

（1）动作要领：判断二传来球、或自己的起球的空间位置，调整脚步位置，背对球网，左脚摆踢，右脚起跳弹踢，勾脚尖，用正脚背将球击入对方场区（图 14）。

图 14

（2）练习方法

①无球模仿练习，体会弹踢动作。

②自己手抛球，练习动作。

③网前自抛球，练习、体会动作。

④自抛自起球，练习倒勾球。

⑤抛球给二传，二传传球，练习倒勾球。

2. 外摆脚背倒勾攻球

（1）动作要领：判断来球，助跑左脚摆踢，右脚起跳，右脚经下、内、上、外摆动，用脚背击球（图 15）。

图 15

（2）练习：

①原地外摆腿练习、跳起外摆腿练习。

②原地或跳起练习外摆腿击空吊球练习。

③自己手抛球，练习原地外摆腿攻球、跳起外摆腿攻球动作。

④自抛自起球，练习动作。

⑤抛球给二传，二传传球，练习外摆腿倒勾球动作。

3. 里合脚背向倒勾攻球

（1）动作要领：判断来球，调整好准备姿势。助跑或原地起跳，摆动腿由外向里摆动用脚背内侧击球（图 16）。

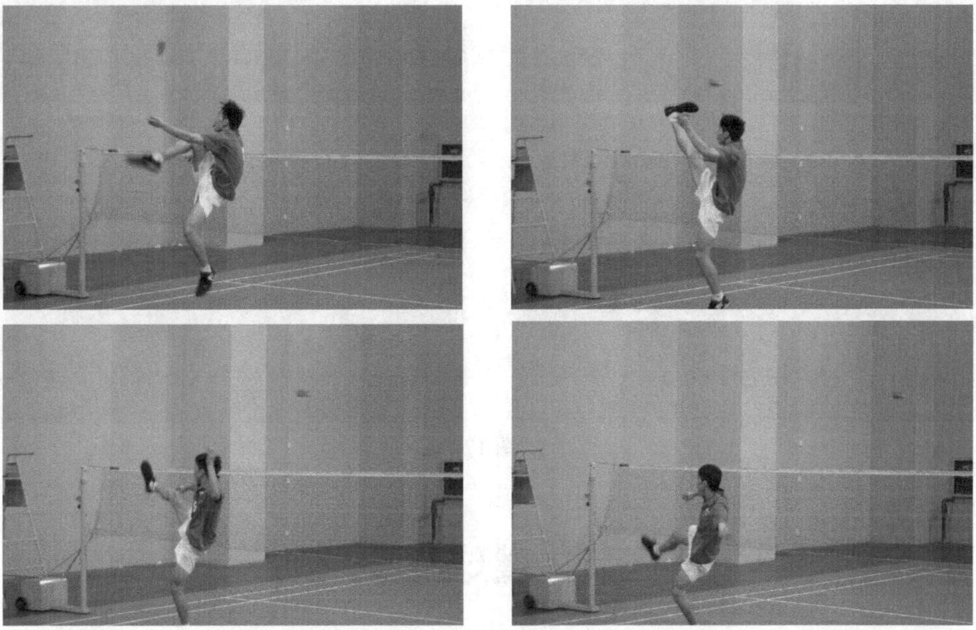

图 16

（2）练习方法

①原地里合腿练习、跳起里合腿练习。

②原地或跳起练习里合腿击空吊球练习。

③自己手抛球，练习原地里合腿攻球、跳起里合腿攻球动作。

④自抛自起球，练习动作。

⑤抛球给二传，二传传球，练习里合腿倒勾球动作。

4. 头攻球

（1）动作要领：判断来球的线路和方位，采用两步或三步助跑前冲起跳，上体挺胸展腹、扭腰、向后仰头，使身体呈反弓形，当与球接触时向前摆头，用前额击球将球攻入对方场区（图 17）。

（2）练习方法

①无球练习，体会动作：用腰力，主动迎击球。先原地练习，再练习起跳头攻球动作。

②自抛球，原地或起跳头攻球练习，可选择向前、两侧攻球练习。

③一人抛球，另一人原地或起跳练习头攻球练习。

④一人抛球，另一人前后移动中练习头攻球。

⑤一人抛球，另一人左、右移动中练习头攻球。

⑥一人隔网抛球，练习者头攻球。

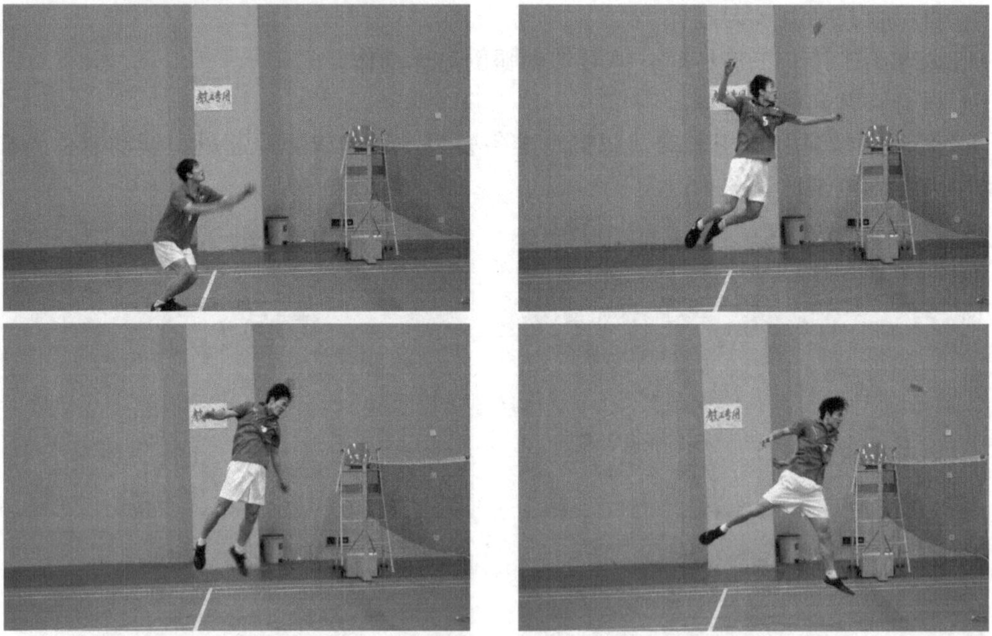

图 17

第三节　毽球主要规则

一、队员

比赛队由 6 人组成，上场队员 3 人，比赛也可增加单人、双人毽球赛，规则与 3 人制大体相同，记分可采取直接得分法。站在靠近球网的两名队员从左至右分别为 3 号位和 2 号位队员，靠近端线的队员为 1 号队员，场上队员的位置必须与登记的轮转顺序相符合。发球的一方，2、3 号位的队员在发球队员的前方，彼此间相距不得少于两米。球发出后，双方队员可以在本方场区内任意交换位置。每局比赛结束之前，队员的轮转顺序不得调换。

二、局数与场区

比赛采用三局两胜制，第三局采取每球得分制。比赛前选择场区或发球权，第一局结束后双方交换场地和发球权。决胜局应重新选择场区或发球权，决胜局比赛中，任何一队先得 8 分时两队应交换场地。交换场地后，双方队员的轮转位置不得变换。

三、发球

发球队员须站在本方发球区内，用手持球，将球抛起，用脚踢向对方场区，发球时 2、3 号队员不得有任何掩护动作，队员发球时，踏及端线、球未过网、触网或触及标志杆、球从网下穿过、球落在界外、球从标志及其延长高度以外过网等均为发球失误，应判失发球权，由对方发球。

四、击球与附加动作

比赛进行中，身体任何部位不得进入对方场区的空间。使用头攻球时，必须在限制线以外，但落地时两脚可落在限制线以内。防守队员在限制区内，头部无意识触球过网不判违例。

五、得分

比赛 21 分每球得分制，先得 21 分者胜。比赛中，发球失误、接球失误、非法击球、犯规等均判对方得 1 分。

第四节 场地与器材

一、场地

比赛场地采用羽毛场双打场地，长 11.88m，宽 6.1m。较长的两条边界叫边线，较短的叫端线。连接场地两边线的中点与端线平行的线叫中线。中线将场地分为均等的两个场区。在中线两侧各画一条与中线平行的线叫限制线。中线至限制线的距离为 2m。距两端线中点两侧各 1m 处向场外各画一条长 20cm 与端线垂直的短线叫发球区线，发球区线向后无限延长区域叫发球区。

二、球网

球网的中部顶端距地面垂直高度男子比赛为 1.60m，女子比赛为 1.50m。标志杆长 1.20m，两杆内侧相距 6m。

第五节 教学探讨

一、技能目标

通过学习，掌握毽球的发球、起球、传接球，攻球等各项基本技术，运用各项技术进行毽球比赛；达到能够组织毽球的教学与训练工作。

二、教学内容

（一）毽球运动的简介

历史渊源、发展状况、简明规则、场地器材等。

（二）技术

起球：脚内侧起球、脚背起球、脚外侧起球、大腿起球、胸部起球。

发球：正脚背发球、脚内侧发球。

攻球：踩踏球、倒勾球。

（三）战术

根据学生动作技术的掌握情况，介绍简单的战术配合。

（四）教学比赛

简要介绍毽球比赛的规则，组织学生分组进行教学比赛。

三、教学重点与难点

倒勾球、踩踏球技术。

四、教法参考

（一）起球技术

1. 学生成两排坐下，如图所示。

× × × × × × × × ×

× × × × × × × × ×

▲

2. 教师讲解毽球运动的概述：毽球运动的起源、发展、比赛的场地、器材规格等。

3. 教师示范脚内侧颠球（也称盘踢）动作，再边示范、边讲解动作要领，强调“摆小腿、用足弓击球”的动作关键，指出“提收膝关节”的易犯错误。

4. 讲解“一抛一起”的练习形式和目的——强化摆小腿动作。

5. 安排学生进行“一抛一起”练习，每人 60 次，左右脚各 30 次，要求颠球高度超过身高。

6. 教师安排学生连续脚内侧起球练习，总数 100 次，左、右脚各 50 次。

7. 学生表演连续起球，选择动作规范，连续起球次数较多和动作不规范，连续起球次数较少的同学进行对比演示，教师进行评价，帮助学生理解动作。

8. 教师与一名学生示范一人抛球一人脚内侧起球练习，强调练习要求。

9. 安排学生先练习近距离（1.5–2m）“抛球者抛球——练习者起球——抛球者接球”，左右脚均练习。先近距离练习，然后，适当拉大距离，最后，隔网进行练习。

10. 两人一组，一人抛球，另一人练习起球，将球传至画定的圈内（圈画于抛球者两侧）。

11. 两人一组，隔网，一人掷球，另一人练习起球。

12. 脚背起球、脚外侧起球、胸部起球、大腿起球组织教法可参考脚内侧起球。

13. 由于不同部位起球的目的不同，各起球动作练习方式也稍有不同。胸部起球、大腿起球应接脚内侧起球过网或将球传至攻球点。

（二）发球

1. 教师介绍毽球比赛发球的类型，发球在比赛中的意义。

2. 教师示范正脚背发球动作，讲解动作要领和强调“弹踢小腿”的动作关键。

3. 学生隔网发球练习。

4. 在对方场地不同区域画圈，要求将球发至圈内。

5. 发球比赛：分两个场地，分成两组，比赛发球，将球发至圈内得1分，最后，得分多者为胜。

6. 脚内侧发球组织教法，可参考正脚背发球组织教法。

（三）攻球

1. 踩踏球

（1）教师示范自抛踏球动作，强调“提收、伸膝、压踝”的动作关键。

（2）安排学生成一路纵队对悬挂的毽球进行踩踏球的练习。

（3）安排学生自抛自练。

（4）学生网上练习，面对球网，练习者自抛踏球。

（5）两人一组，一人抛球，一人练习移动踩踏球。

（6）自抛球——脚内侧起球——踩踏球练习。

（7）两人一组，一人隔网掷球，练习者起球后，做踩踏球练习。

（8）教师示范跳起踩踏球动作，强调动作练习的要求。

（9）安排学生将上述练习，改为跳起踩踏球练习。

2. 倒勾球

（1）教师自抛球示范倒勾球动作，讲解要领，强调动作关键。

（2）教师徒手领做，“上右脚——提收左膝——摆踢右脚”动作。

（3）口令指挥学生徒手练习动作，发现问题及时纠正。

（4）安排学生自抛球练习倒勾球动作，教师巡视，帮助学生改进动作。

（5）学生成一路纵队，面对悬挂的毽球，练习上一步跳起倒勾球动作。

（6）自抛球，然后起球，练习倒勾球动作。

（7）两人一组，相面站立，一人抛球，另一人起球后，再做倒勾球动作。

第五章 跳绳

第一节 跳绳概述

跳绳是我国一项传统的体育项目，在民间广为流行。据资料记载，跳绳已有1500年的历史，早在唐代民间就有这一娱乐活动，唐时称“透索”，而宋代则称之为“跳索”，明代《帝京景物略》一书中称跳绳为“跳白索”，长沙马王堆出土文物就有跳长索的记载。“二童子引索略地如白光轮，一童子跳光中，曰跳百索”，生动地描述了当时的跳绳活动。清朝人称跳绳为“绳飞”，直到民国以后才称为跳绳。

新中国成立后，跳绳运动得到了进一步发展。1953年，在天津举行的第一届全国少数民族运动会上，跳绳在这届全国民运会上进行了演示，这是新中国成立后，跳绳首次是全国性大型运动会上的表演。之后，陕西花样跳绳队参加了全国第六届和第七届少数民族传统体育运动会表演，均荣获了技巧类一等奖。1999年9月，陕西花样跳绳队赴京参加国庆五十周年庆典活动。多年来，西安跳绳队应邀到中国香港、新加坡、台湾等地进行表演。2004年，胡安民到台湾访问，进行两岸民俗体育交流，为近200名教授、专家、学者及跳绳爱好者讲解并表演花样跳绳，被誉为“中华跳绳王”，多年来，在国内、外进行了1200多场次的表演。

近年来，跳绳运动得到了快速发展，2007年10月由国家体育总局社会体育管理中心组织相关专家制订并出版了我国第一部《中国跳绳竞赛规则》，为规范全国性的跳绳比赛发挥了积极作用，并于同年12月7日在广州举办了中国首届跳绳公开赛。20世纪90年代，国际跳绳联盟成立，之后，中国、美国、日本、韩国、德国、加拿大等国家相继成立了跳绳联盟。目前，跳绳比赛主要有世界跳绳锦标赛、亚洲跳绳锦标赛和全国跳绳公开赛等赛事。据报道，跳花绳已被列于2012年在河南安阳市举行的全国第七届农民运动会的正式比赛项目。

现代跳绳运动的发展，不得不提西安对现代跳绳运动的贡献。可以说，陕西西安是现代跳绳的故乡，说起西安的跳绳运动就不能不提一个人——胡安民。胡安民在解放前就跟随父亲练习跳绳，1957年他创编的“跳绳舞”，获得了“西安高中文体比赛第一名”，1959年，胡安民就读的陕西师大举办了中国第一个“跳绳培训班”。后来，在西安高中担任数学老师的时候，胡安民就在学生中成立了跳绳队，成为校园内一道独特的风景。1981年4月3日，中国体育报发表了胡安民“论跳绳”的部分内容——《跳绳的分类和方法》，随之全国各地响应国家体委号召，开展了“三跳”比赛。1993年12月27日，他在西安师范附小成立了全国第一家跳绳协会。1999年8月1日，胡安民在西安师范自创了“跳绳艺术学校”——唐都跳绳艺术学校。之后，他发起成立了西安市跳绳协会。

据悉，西安将建立国家花样跳绳基地并将跳花绳申报国家级非物质文化遗产。

跳绳是一项很好的健身项目，也是娱乐、休闲的好项目。既可以增强四肢的肌肉力量，提高身体的协调性、灵敏性，对青少年的骨骼生长和身体发育具有良好的影响和作用，也能全面提高身体素质。成年人、老年人进行跳绳锻炼可促进血液循环和新陈代谢，使心肌发达，心搏有力，功能增强。坚持跳绳锻炼不仅能增加肺活量，使呼吸系统和神经系统的机能明显改善，也能有效地消除身体多余脂肪，大大提高健康水平。

第二节　跳绳的基本技术

一、短绳正摇跳绳

（一）准备姿势

并步直立，双手握绳柄，两臂体侧斜下垂，绳垂落于体后（图 1）。

图 1

（二）正摇并步跳

方法与要点：准备姿势站立，屈肘，前臂平收，掌心向上，以腕为轴，前臂带动手腕由前经下、后、上划弧，绳子过头顶，双脚跳起，绳子以惯性绕过双脚，一摇一跳。（图 2）

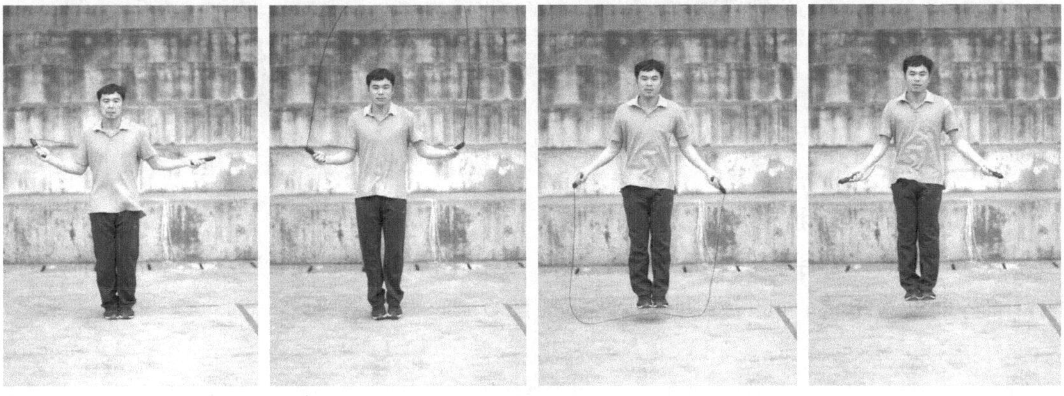

图 2

（三）正摇双却交替跳

方法与要点：准备姿势站立，向前摇绳，一腿提膝收腿，另一腿蹬地跳起，跳过绕绳，一摇一跳，两脚依次做抬腿、跳起动作。（图 3）

图 3

（四）行进间正摇跨步跳

方法与要点：准备姿势站立，双臂以肩为轴，大摆幅摇绳，双脚交替前跨，一圈摇绳一次前跨。（图 4）

图 4

（五）前交叉正摇双脚跳

方法与要点：双手持绳，绳垂落于体后，双臂以肩为轴摇绳，当双臂经上举前摆时，两臂顺势前交叉甩臂，同时双脚并步跳起（图 5）。

图 5

（六）正摇并腿前后跳

方法与要点：正摇绳一摇一跳，双脚并步一次前跳，一次后跳（图 6）。

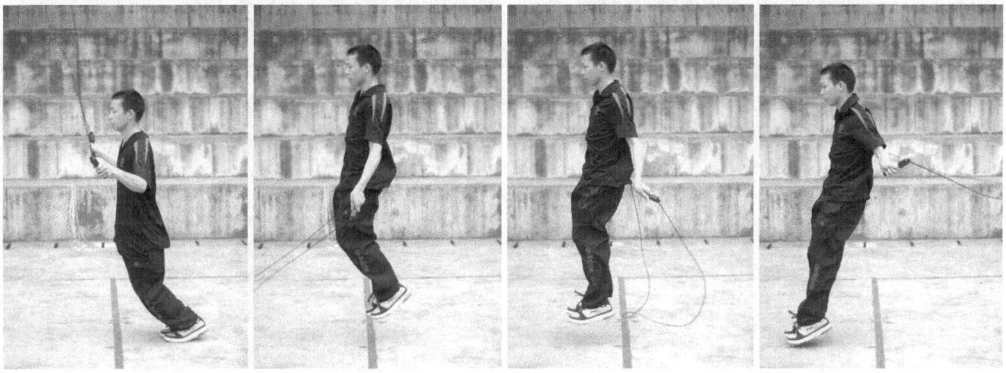

图 6

（七）正摇并腿左右跳

方法与要点：正摇绳一摇一跳，双脚并步一次左跳，一次右跳（图 7）。

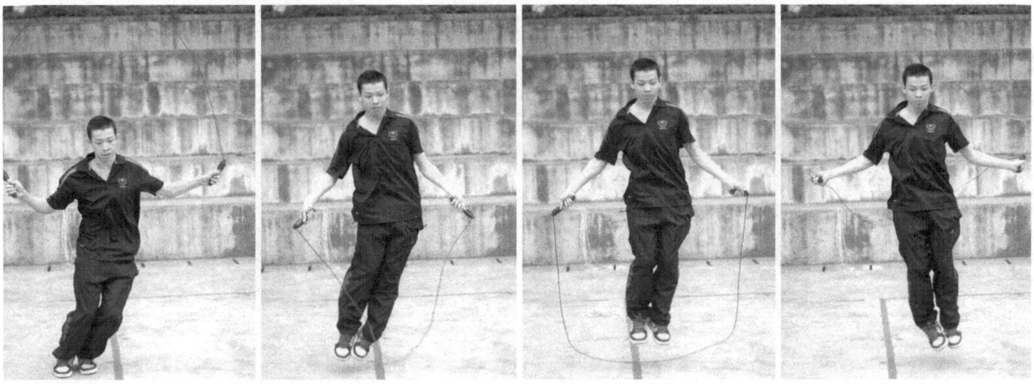

图 7

（八）正摇钟摆跳

方法：准备姿势站立，摇绳，第一拍，双脚并步跳起跳过绕绳，右脚落地支撑，

左腿侧摆；第二拍，左腿回摆，右脚跳起跳过绕绳，左脚落地支撑，右脚侧摆。（图 8）

图 8

（九）正摇弓步跳

方法：准备姿势站立，摇绳，第一拍双脚跳起左腿前摆，右腿后摆跳过绕绳，落地成左弓步；第二拍双脚并步跳起跳过绕绳；第三拍双脚跳起右腿前摆，左腿后摆跳过绕绳，落地成右弓步；第四拍与第二拍动作同。（图 9）

图 9

（十）正摇开合跳

方法：准备姿势站立，摇绳，第一拍，双脚并步跳起跳过绕绳，双脚分脚落地成开立；第二拍并步跳，跳过绕绳。（图 10）

图 10

（十一）正摇提膝跳

方法：准备姿势站立，摇绳，第一拍左腿提膝吸腿，大腿水平，右脚跳起跳过绕绳，第二拍双脚并步跳起跳过绕绳；第三拍右提膝吸腿，右腿跳过绕绳；第四拍与第二拍动作同。（图 11）

图 11

（十二）正摇点地跳

方法：准备姿势站立，开始摇绳，第一拍，右脚跳起跳过绕绳，落地后稍屈膝支撑，左腿伸直勾脚后跟前点地；第二拍，双脚并步跳过绕绳；第三拍，右脚前点地跳过绕绳，第四拍，双脚并步跳过绕绳。（图 12）

图 12

（十三）正摇提膝侧点地跳

方法：准备姿势站立，开始摇绳，第一拍左腿提膝吸腿，右脚跳起跳过绕绳；第二拍右脚跳起跳过绕绳，左脚右前侧点地；第三拍还原成第一拍；第四拍双脚并步跳过绕绳。第五至八拍，左右脚互换动作。（图 13）

图 13

（十四）单脚跳两跳一换

方法与要点：准备姿势站立，向前摇绳，一腿平提膝关节，另一腿蹬地跳起，一摇一跳，各条腿跳两次，然后换腿跳（图 14）。

图 14

（十五）后屈腿跳

方法：持绳并步直立，摇绳，第一拍，双脚并步跳起，左腿屈膝后收，右脚落地支撑；第二拍，身体姿势不变，右脚跳起跳过绕绳；第三拍，右脚跳起，屈膝后收，左脚落地支撑；第四拍，身体姿势不变，左脚跳起跳过绕绳。（图 15）

图 15

（十六）后收前踢跳

方法：持绳并步直立，摇绳，第一拍，双脚并步跳起，跳过绕绳，左腿屈膝后收，右脚落地支撑；第二拍，右脚跳起跳过绕绳，落地支撑，左腿向前弹踢；第三拍，右脚跳起跳过绕绳，屈膝后收，左腿回收落地支撑；第四拍，左脚跳起跳过绕绳，落地支撑，右腿向前弹踢。（图 16）

图 16

二、短绳反摇跳绳

（一）反摇并步跳

方法与要点：并步直立，双手握绳柄，两臂体侧斜下垂，绳垂落于体前。向后摇绳，绳过前顶，双脚跳起（图 17）。

图 17

（二）反摇双脚交替跳

方法与要点：准备姿势站立，绳垂落于体前。向后摇绳，一腿提膝收腿，另一腿蹬地跳起，跳过绕绳，一摇一跳，两脚依次做抬腿、跳起动作。（图 18）

（三）反摇交叉跳

方法与要点：双手持绳，绳垂落于体前，双臂以前臂带动手腕使绳经体前、头上、体后绕过人体。当双臂向上摇绳时，前臂顺惯性上摆胸前交叉，同时双脚并步跳起（图 19）。

图 18

图 19

三、短绳跳绳的动作编创

（一）“一拖一”前跳

方法与要点：一人正摇跳，另一人在摇绳者前面“搭”跳（图 20）。

图 20

（二）“一拖一”后跳

方法与要点：一人正摇跳，另一人在摇绳者后面“搭”跳（图 21）。

图 21

（三）“一拖一”绕圈跳

方法与要点：一人正摇跳，每一次摇绳两人均跳起一次。经多次摇绳跳绳，搭跳者绕摇绳者一圈。（图 22）

图 22

（四）双人协同跳

方法：两人平行站立，外侧手持绳，绳置于体后。两人同时摇绳，并跳起跃过绕动的绳子。可增加一人摇绳同进出绳、进绳的动作。（图 23）

图 23

（五）风火轮

方法：两人平行站立，两人左手同握一条绳，右手同握另一条绳，绳分别置于两人体后。根据内侧手持绳位置，两人两手依次摇绳，两人则依次跳绳。（如 A 左手所持绳在右手所持绳之后，则先摇左手所持之绳，当摇至头上方时，开始摇动右手所持之绳，B 跳过左手所摇之绳，A 再跳过右手所摇之绳。）（图 24）

图 24

（六）过堡垒

方法：多人间隔一定距离成一列横队站立，摇绳者持绳站立于队首身后。开始，摇绳者每次摇绳要过一人。此方法可设计为游戏，两组可进行比赛。（图 25）

图 25

（七）过封锁线

方法：一人摇绳，其余多人成纵队站立于摇绳者侧前方，依次进入绳中并跳出绳中。此方法可设计为游戏，两组可进行比赛。过封锁线与过堡垒相类似，过堡垒是摇绳者移动，过封锁线则是非摇绳者移动。

四、跳长绳

跳长绳技术包括摇绳和跳绳两方面的技术。

（一）摇绳

方法与要点：两名摇绳者相向而立，以肩为轴依惯性摆动以肩为轴手臂做圆锥体，运动摇绳方向有正摇和反摇，绳向练习者由上而下摇转为正摇，反之则为反摇。使绳形成一个椭圆，直臂握绳两端，摇绳的幅度较小。

（二）跳长绳

跳长绳技术分为预备式、入绳、绳中动作和出绳动作。

1. 预备式

跳绳者成高跨步站立，重心在前脚。位置选择在绳的四分之一附近（图 26）。

图 26

2. 入绳与出绳

（1）入绳

方法与要点：初学者应选择逆向入绳，即入绳方向与绳摇动方向相向；摇动的绳击地后，下一个摇绳周期开始，即可入绳（图 27）。

图 27

（2）出绳

方法与要点：出绳时，当一次跳绳落地后，迅速从绳中跑出。

3. 绳中动作

（1）双脚并步跳

方法与要点：入绳后，绳摇至上方时，双脚跳起，当绳绕过双脚后落地，然后，有节律地一摇一跳（图 28）。

图 28

（2）双脚交替跳

方法与要点：入绳后，绳摇至上方时，一脚提膝，另一脚跳起，当绳绕过后双脚依次落地，然后，有节律地一摇一跳（图 29）。

图 29

（三）跳长绳花样动作编创

1. 蹲跳

方法与要点：入绳后，在跳绳过程中逐渐屈膝下蹲，完成一次摇绳一次蹲跳（图 30）。

图 30

2. 分腿跳

方法与要点：入绳后，跳绳过程中转体 90° ，成左右肩轴与绳平行，然后，完成一次摇绳一次分腿跳（图 31）。

图 31

3. 绳中绳

方法与要点：持短绳入绳，调整节奏，一次长绳摇绳，完成一次跳短绳（图 32）。

图 32

4. 收腹跳

方法与要点：入绳后，调整节奏，一次摇绳，完成一次收腹跳（图 33）。

图 33

5. 俯卧撑跳

方法与要点：入绳后，逐渐过渡到蹲跳，调整节奏，快速双手撑地，伸腿展髋成俯撑，手和脚同时用力，使身体向上弹起，一摇一起（图 34）。

图 34

6. 臀跳

方法与要点：入绳后，逐渐过渡到蹲跳，调整节奏，双手撑地，双脚前伸坐地并举腿，一次摇绳，完成一次臀跳（图 35）。

图 35

7. 仰撑举腿跳

方法与要点：入绳后，逐渐成蹲跳，调整节奏，上体后仰，双手撑地，一腿折叠脚掌撑地，另一腿举腿。一次摇绳，完成一次举腿跳（图 36）。

图 36

8. 三人跳双绳

方法：A、B 两队四人平行站立持长绳，B 队所持长绳稍短，跳绳者持短绳立于其中。A、B 同时摇绳，跳绳者在 B 中跳绳（跳绳者所持短绳不摇动），A、B 调整摇绳，节奏、方向一致时，B 和跳绳者同时向 A 中移动，并随摇绳节奏跳绳。（图 37）

图 37

五、器材的改造

跳绳所需器材相对简单，单人绳和长绳一般文体用品店均有出售。边远地区学校也可自制器材，用稻草、藤、蔓等编成绳。

第三节 教学探讨

一、技能目标

通过学习，掌握各种跳短绳、跳长绳的方法和技巧，能够编排跳绳游戏和表演。

二、教学内容

跳短绳：正摇双脚并步跳、正摇双脚交替跳、正摇交叉跳、正摇前后跳、正摇左右跳、正摇一拖一跳、反摇双脚并步跳、反摇双脚交替跳、正摇钟摆跳、正摇弓步跳、正摇开合跳、正摇提膝跳、正摇点地跳、正摇提膝侧点地跳、单脚跳两跳一换、后屈腿跳、后收前踢跳、反摇交叉跳、双人协同跳、风火轮、跳双绳。

跳长绳：双脚并步跳、双脚交替跳、跳长绳花样、三角跳绳、跳三绳。

跳绳游戏：过堡垒、过封锁线、跳长绳游戏。

三、重点与难点

编撰各种跳绳游戏方法。

四、组织教学

（一）跳短绳

1. 单个动作跳绳教法

内容：正摇双脚并步跳、正摇双脚交替跳、反摇双脚并步跳、反摇双脚交替跳。

（1）指挥学生集合，成三列横队站立，教师介绍跳绳活动的发展状况、简明规则、场地器材等。如图所示。

××××××××××
××××××××××
××××××××××
▲

（2）教师示范正摇双脚并步跳。

（3）边示范、边讲解动作要领，强调跳绳节奏与摇绳节奏必须一致。

（4）教师领做：右手握两头绳柄置于右胯侧，使绳从中间折叠，然后，正摇绳（使绳在体侧经后、上、前、下旋转），当摇绳经过前下方时，双膝做一次屈伸动作。

（5）教师口领指挥学生练习以上动作 2 个 8 拍。

（6）教师示范完整的慢节奏动作，并领做慢节奏单个动作。

（7）指挥学生集体练习单个动作，N 次。

（8）安排学生自由练习 2–3 分钟，体会动作要领，教师巡回指导，帮助学生改进动作。

（9）选择“正面示范”与“反面示范”对批演示，教师给予评价，并强调动作关键。

（10）计时 1 分钟正摇双脚并步跳，计时 2–3 次。

（11）正摇双脚交替跳、反摇双脚并步跳、反摇双脚交替跳可教法参考正摇双脚并步跳。

2. 手部多动作摇绳教法

内容：正摇交叉并步跳、反摇交叉并步跳。

（1）指挥学生集合，成三列横队站立，如图所示。

× × × × × × × × ×

× × × × × × × × ×

× × × × × × × × ×

▲

（2）教师示范正摇交叉并步跳完整动作。

（3）边示范、边讲解动作要领，强调手部动作——“摔”的用力动作关键。

（4）教师领做：两臂稍屈置于体侧，不持绳，做徒手摇绳，在体前前臂交叉摔臂动作。

（5）指挥学生练习徒手动作。

（6）教师领做：持绳，从预备势开始，摇绳，在体前前臂交叉摔臂动作（不跳起）。

（7）教师指挥学生集体练习徒手摇绳摔臂跳起练习。

（8）教师示范完整动作，强调先跳起再摔绳，然后，教师指挥学生集体练习摇绳摔臂动作（不跳起）。

（9）安排学生按这一要求进行自由练习，不要求做连续动作，每人完成单个动作 10–20 次。

（10）集中，教师徒手示范“摇绳——摔臂交叉——向外摔臂”动作。

（11）教师徒手领做“摇绳——摔臂交叉——向外摔臂”动作。

（12）安排学生自由练习，持绳做连续动作，通过练习达到连续 3–5 次水平。

（13）教师个别辅导，帮助学生改进动作。

（14）反摇交叉并步跳、正摇交叉双脚交替跳、反摇交叉双脚交替跳组织与教法可参考正摇交叉并步跳组织与教法。

3. 腿部动作跳绳教法

内容：正摇前后跳、正摇左右跳、正摇一拖一跳、正摇钟摆跳、正摇弓步跳、正摇开合跳、正摇提膝跳、正摇点地跳、正摇提膝侧点地跳、单脚跳两跳一换、后屈腿跳、后收前踢跳、双人协同跳、风火轮、跳双绳。

（1）指挥学生集合，成三列横队站立，如图所示。

× × × × × × × × ×

× × × × × × × × ×

× × × × × × × × ×

▲

（2）教师示范正摇左右并步跳完整动作。

（3）边示范、边讲解动作要领。

（4）教师领做：不持绳，做徒手摇绳，双脚并步左右跳动作。

（5）指挥学生集体练习徒手动作，做腿部动作 2 个 8 拍。

（6）教师领做：持绳，从预备势开始，摇绳，领做完整动作。

（7）教师指挥学生慢节奏集体练习完整动作。

（8）安排学生自由练习，持绳做连续动作，通过练习达到连续 1 个 8 拍以上水平。

（9）教师个别辅导，帮助学生改进动作。

（10）其他腿部动作跳绳组织与教法可参考此组织与教法。

（二）跳长绳组织教法

1. 成横队站立，教师讲解顺进、反进等进绳方法，以及摇绳的要求。

2. 两名学生摇绳，教师示范顺摇进绳、反摇进绳以及并步跳、双脚交替跳动作，强调跳绳要与摇绳节奏保持一致。

3. 学生成一路纵队，反进，体会并步跳、双脚交替跳动作，每人跳 1–2 次出绳。

4. 学生成一路纵队，顺进，体会并步跳、双脚交替跳动作，每人跳 1–2 次出绳。

5. 教师分别示范蹲跳、收腹跳、分腿跳、俯卧撑跳、臀跳、仰撑举腿跳、旋子跳等动作，讲解动作技巧。

6. 成多列横队，教师徒手领蹲跳、收腹跳、分腿跳、俯卧撑跳、臀跳、仰撑举腿跳、旋子跳等动作（不摇绳），体会动作要领。

7. 两名学生摇绳，其余同学成一路纵队，依次进入绳中，分别练习各种动作。

（三）跳多绳组织教法

内容：三角跳绳、跳三绳、绳中绳、跳双绳。

1. 按不同种类的跳多绳，安排多人摇绳，教师示范动作，讲解动作要领，介绍练习形式和要求。

2. 分成多个小组，按教师布置进行练习。

3. 各组进行汇报表演，教师讲评。

（四）跳绳游戏教学法

将全班同学分成两组，进行跳绳游戏的比赛。教师集中整理队形，带入游戏场地，讲解游戏方法、规则及要求。并指导一个组的队员进行游戏示范。然后，各组自行组织练习几分钟，再进行比赛。

游戏方法一：两人摇绳，其余队员立于绳内，计跳绳的次数。或者摇绳后进绳，全部进入绳内再计数。跳绳次数多者为胜。

游戏方法二：两人摇绳，其余同学成一路纵队立于绳外，计时开始，各队员依次进入绳内，每人在绳内只跳一次出绳，失误要重跳，出绳后绕过摇绳者从出绳的对侧入绳，队员的移动如“∞”形，全部队员从相同的位置入场，从另一相同位置出场为一轮次，以完成多少轮次所用时间少者为胜。

游戏方法三：过堡垒。按要求先完成的一组为胜。

游戏方法四：过封锁线。按要求先完成的一组为胜。

第六章　竹球

第一节　竹球概述

竹球因球为竹制品而得名，是桂西北仫佬族传统的体育项目，在广西河池市仫佬族民间广为流传。关于竹球的文字记载几乎为零，史料及地方志均无相关记录，因此，其源流无法考究。1999 年在广西贵港举行的第十届广西少数民族运动会上，河池市代表队表演了竹球，表演趣味性强，受到了与会观众的热烈欢迎，并获得表演项目的一等奖。与会的原广西民族学院教师意识到该项目有发展潜力，于是组织人员挖掘整理，并引入了体育教学之中。在多年教学实践的基础上，对该项目的场地、器材、规则等进行了改造，在教学中取得了良好的效果。

竹球游戏是在一个长 28m、宽 15m 的场地内进行的。每队由 6 名队员组成，其中 1 人为背篓员，游戏上、下半时开始均在跳球区内跳球，任何一方得球即游戏开始。背篓员只能在接球区内接球，踩线或出界属违例，接中球无效。其余队员在运动区内通过使用各种各样的技术动作或战术方法，将球投向接球区，接球员在无违例情况下接中投向接球区内的球得 1 分，运动区内的队员投球，球落入限制区、接球区触及地面，均由对方在进攻一方场地的端线发球。攻守双方队员均不得进入限制区。进攻队员踩限制线或进入限制区内投球、传球均判违例，由对方在违例附近的边线外掷界外球。防守方踩限制线或进入限制区内防守，如果进攻不受影响可不判罚，对正在投球的运动员进行防守或犯规，如投中有效，若球不中则应判罚点球。罚点球在罚球点罚球。游戏分上、下半场，每半场 15 分钟。游戏时间内得分多者为胜。

第二节　竹球的技术

一、传接球技术

（一）单手传球

1. 原地肩上传球

（1）原地单手肩上传球

方法与要点：单手持球，引球至肩上，稍侧身引体，伸臂拔腕将球传出（图 1）。

图 1

（2）行进间跳起肩上传球

方法与要领：跨步起跳，同时引臂、甩臂拨腕将球传出（图 2）。

图 2

2. 甩腕传球

方法与要领：单手持球于腹前，以肘为轴，前臂带动手腕快速向左或向右甩动，将球传出。主要用于向两侧传球（图 3）。

图 3

3. 背后传球

方法与要领：单手持球，手臂下垂后摆，经体侧至背后，甩腕将球传出（图 4）。

图 4

4. 低手抛球

方法与要领：低手位持球，掌心对传球方向，以肘为轴，前臂摆动将球传出（图 5）。

图 5

5. 头后传球

方法与要领：屈臂持球于肩上，掌心向对侧，前臂带动手腕，快速抖腕将球从颈后传出（图 6）。

图 6

6. 单手平推球

方法与要领：单手持球于胸前，掌心向前，伸臂拔腕，快速将球平推传出（图 7）。

图 7

（二）双手胸前平推球

动作方法与要领：双手持球于胸前，翻腕、伸臂、拔指，将球传出（图 8）。

图 8

（三）接球

1. 接平推球

方法与要领：面对来球，双臂平伸，掌心向里，触球后，屈臂缓冲，双手持球收于胸前（图 9）。

图 9

2. 接高位球

方法与要领：面对来球，判断球的落点，高高跃起，双臂上举，掌心向里，触球后，双手持球屈臂收于胸前（图 10）。

图 10

3. 接低位球

方法与要领：面对来球，判断球的落点，屈膝屈体，双臂前伸，掌心向上，触球后，双手内夹持球屈臂收于胸前（图 11）。

图 11

（四）传接球练习形式

1. 两人一组原地传接球。两人一组，相距 5-6m 进行各种形式传球练习，并逐渐加大距离。

2. 三角形接球。分成人数均等的三组，纵队成等边三角形站立，立传球后跑动至按顺时针方向的下一组最后面位置。

3. 迎面传接球。分成两组成纵队相距 5-8m 相向站立，传球后跑动至对面队最后面。

4. 两人一组，一人移动中接球。两人相距一定距离，一人固定位置可进行各种形式的传球，另一人前后、左右移动接球。

5. 三人一组绕“∞”传接球。

6. 两人一组，行进间传接球。

二、投球技术

（一）原地肩上投球

方法与要领：两脚前后开立，右手持球，身体稍向右后转，重心后移，右臂屈臂后引，上体稍左转，同时，借上体惯性，摔右臂，将球投出。（图 12）

图 12

（二）行进间肩上投球

方法与要领：原地持球，右脚上步，同时，右手持球向后引臂，左脚向前跨步起跳，在重心最高时将球投出（图 13）。

图 13

（三）投球练习形式

1. 篮球场三分线弧线上原地投球。分成 2–3 组纵队各组依次向接球区内投球。

2. 从中圈跨步起跳投球。一路纵队站立于中圈后，练习者从中圈跨步起跳投球。

3. 行进间接球跨步起跳投球。面向进攻方向分成 2 路纵队站立，队首均站立于中线上，一路纵队队员传球，另一组队员跑动接球后投球。

4. 两人一组，后场端线开始行进间传接球，至前场，一人接球后起跳投球。

5. 从后场端线开始三人一组绕“∞”字传球至前场，一人接球后起跳投球。

三、背篓技术

（一）正面接球

方法与要领：面对来球，准确判断落点，后移或跳起接球。适合于接正向幅度较高的投球（图 14）。

图 14

（二）背面接球

方法与要领：接球手背篓面对投球手，站立于接球区内，如来球过低，可采用蹲下或转身背向来球，将球接入篓中（图 15）。

图 15

（三）侧面接球

方法与要领：接球手背篓面对投球手，站立于接球区内，如球偏向两侧，判断来球落点，向左或向右侧身，将来球接入篓中。（图 16）

图 16

（四）接球练习

投球练习时，学生们轮换接球练习，每人接球 10–15 个，体会各种接球动作。

第三节 场地与器材

（一）器材

1. 球：用细竹片编成直径为 15–18cm 的圆形竹球。

2. 背篓：背篓用细竹片编织而成，高 0.5 m，上筐口直径为 30–35 cm，筐底直径为 20–25cm，背带长度一般为 60–80 cm，练习者可根据自己的要求进行调节。

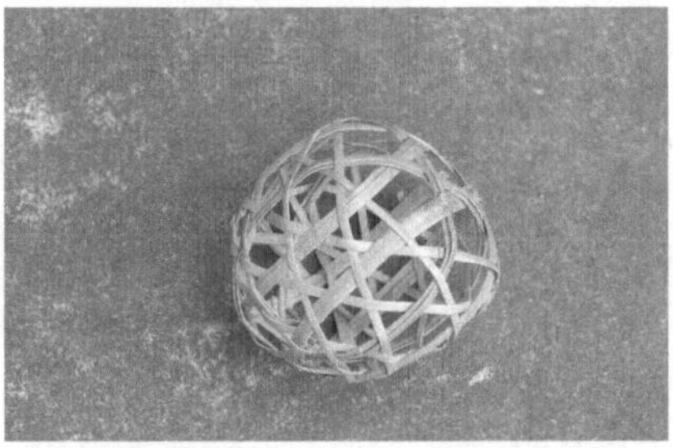

（二）场地

场地长 28m、宽 15m，长边为边线，短边为端线。以端线的中点为圆心，分别以半径 3m 和 6.25m 画接球线和限制线，接球线与端线形成的半圆为接球区，接球线与限制线形成的半圆弧为限制区。场地正中央画一个直径为 3.6m 的圆圈为跳球区。

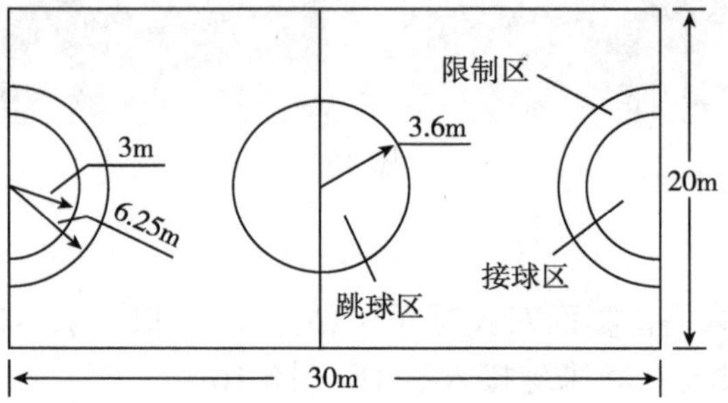

（三）场地、器材的改造

1. 场地的改造

（1）改造篮球场。以篮球场改造为竹球场地，中圈即为跳球区，篮球场限制区的第三位置线连线与端线、篮球场限制区两条边线构成竹球的接球区。篮球场的三分线为竹球场的限制线，限制线以外、接球区以内的区域构成限制区。

（2）无边场地

如果学校没有篮球场，但是有大片空地，也可将空地改造为无边竹球场地。相距一定距离，可以是 20m、30m，也可以是 50m，分别画半径为 2m、3m 或 5m、6m 的同心圆，小圆为接球区，小圆圈线与大圆圈线构成限制区。在两个同心圆中间区域画一个半径可大可小的圆圈为跳球区。

2. 器材的开发改造

（1）背篓：如无背篓，可用塑料桶替代，接球员可双手前抱桶接球，也可装上布条背于身后。

（2）竹球：用多张报纸搓成 15–18cm 直径圆球体，再用封口胶裹表面；也可用比赛的藤球替代；可用一只大小适宜的布袋，内填充碎布等杂物，再将袋口封实；用稻草扎成球状。

第四节　教学探讨

一、技能目标

通过学习，掌握竹球传接球、投球、接球等各项基本技术以及竹球比赛的基本战术。达到能够组织竹球的教学与训练的水平。

二、教学内容

（一）竹球运动的简介

（二）传接球

传球：单手肩上传球、单手平推球、单手反弹球、单手颈后传球、单手背后传球、单手低手抛球、双手胸前传球。

接球：双手接头上球、双手接平球、双手接低球。

（三）投球与背篓接球

（四）教学比赛

三、教学重点与难点

投球和背篓接球技术；比赛规则的理解。

四、教法参考

（一）竹球运动简介

学生成多列横队站立，教师介绍竹球运动的起源、场地、器材、发展状况。组织如图所示。

× × × × × × × × ×

× × × × × × × × ×

▲

竹球的概述：民族属性、起源发展、比赛方式、场地器材。

（二）竹球的传、接球

1. 内容

原地单手肩上传球、行进间跳起肩上传球、甩腕传球、背后传球、低手抛球、头后传球、单手平推球、双手胸前平球。

接平推球、接高位球、接低位球。

2. 教法

（1）教师分别示范原地单手肩上传球、行进间跳起肩上传球、甩腕传球、背后传球、低手抛球、头后传球、单手平推球、双手胸前平球，并讲解动作要领。

（2）教师分别示范接平推球、接高位球、接低位球动作，讲解动作要领。

（3）安排学生两人一组，进行传接球练习。

（4）传球者依次练习上述各种传球动作，接球者根据传球者传出的球，体会各种不同的接球动作。

（三）投球与背篓接球

1. 内容

原地肩上投球、行进间肩上投球。

正面接球、背面接球、侧面接球。

2. 教法

（1）教师示范完整的原地肩上投球、行进间肩上投球等投球动作，教师边示范、边讲解投球动作要领。

（2）教师示范各种接球动作，强调动作要领。

（3）分两个场地，一人练习接球，每人接 3–5 个球，换人接球；其余同学在固定点做原地投球练习。

（4）投球者成一路纵队练习跨步投球动作。

（四）教学比赛

教师简要介绍竹球比赛的规则及裁判法，安排 5 人一组进行比赛。

第七章　空竹

第一节　空竹概述

抖空竹又名“抖地铃”、“扯铃”、“抖空铃”等，广泛流行于我国各地，尤其以北方地区为甚。抖空竹就是用一条线绳抖动发声的竹木玩具，现在流行玻璃钢空竹、塑料空竹、尼龙空竹、橡塑空竹，但用硬塑材料制作的空竹最为常见。

抖空竹在我国有着悠久的历史，早在三国时期，曹植写过一首诗《空竹赋》，可见，至少在三国时期，我国就已出现了玩空竹的游戏；宋朝时期，宋江写过一首七言四句诗：“一声低来一声高，嘹亮声音透碧霄，空有许多雄气力，无人提挈漫徒劳”；明代刘侗、于奕正在《帝京景物略》卷二中记述了空钟（空竹）的制作方法及玩法。清代坐观老人在《清代野记》中写道：“京师儿童玩具，有所谓空钟者，即外省之地铃。两头以竹筒为之，中贯以柱，以绳拉之作声。唯京师（指北京）之空钟，其形圆而扁，加一轴，贯两车轮，其音较外省所制，清越而长。”抖动时姿势多变，使绳索翻花，做出“过桥”、“对扔”、“串绕”、“抢高”等动作，也有以壶盖等器具代替单轴空竹而游戏的。抖空竹的技巧颇多，有“仙人跳”、“鸡上架”、“放捻转”、“满天飞”等诸般名目。

关于空竹的起源问题，我国史书均无记载，因此，无法考究。但是，关于空竹的两个传说，或许能“道出”一些空竹社会文化内涵。

据民间传说，大约在4000多年前的远古时代，在我国黄河、长江流域一带生活着许多原始部落，黄帝、炎帝、蚩尤部落是当时比较大的部落。蚩尤兄弟众多，全是猛兽身体，凶猛无比，经常侵扰其他部落。黄帝与蚩尤部落为了争夺有限的资源而不断交战。但是，黄帝却在与蚩尤的交战中经常吃败仗。玉帝得知后，即派九天玄女率天兵天将下凡，以助黄帝一臂之力。蚩尤善于迷雾阵，九天玄女布下能自由旋转的“乾坤八门旋转阵”，打破了蚩尤的迷雾阵，助黄帝战胜了蚩尤。黄帝大喜，指令按乾坤八门旋转阵的式样改造为一种游戏之物，进行娱乐游戏，久而久之，相袭成俗，后来，逐渐演变成空竹这项游艺活动。

目前，空竹运动在我国得到了较大的发展，特别是在北方地区，如北京、西安、东北等地，抖空竹已经成为人们娱乐休闲主要选择的项目之一，抖空竹的招式、玩法得到了日新月异的发展，一些“发烧友”的玩法技巧已达到相当水准，能做出许多高难动作，堪称民间绝技，也因此走上电视屏幕展示绝技。一些地方还成立了空竹协会，为空竹运动的发展发挥了积极的作用。2003年，德国总理默多克访问我国期间，曾到公园饶有兴趣地玩了一把空竹。

空竹分单轮和双轮，有可发音的，也有不可发音的。单轮空竹由一条抖轴和一个轮组成，抖轴上两个绳槽，靠轮边的绳槽称为主绳槽或抖槽，远离轮的绳槽称为副绳槽或辅槽。双轮空竹与单轮空竹构造基本相似，顾名思义，双轮空竹有两个轮，只有一个主绳槽。轮为中空并开了发音孔的则可发音，轮为碗状则不可发音。

第二节　双轮空竹技法

一、持杆

虎口向前，四指握竿，掌心左右相对，拇指按压抖竿（图 1）。

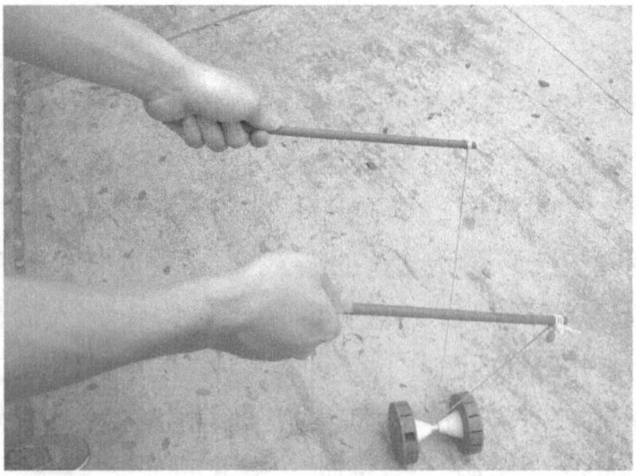

图 1

二、绕绳

（1）交叉绕绳 空竹立于体前，抖绳由外贴近空竹绳槽，一手持杆绳绕绳槽一圈，用脚将空竹向外拔倒，使空竹轮轴与人面向的方向一致（图 2）。

（2）开口绕绳 空竹立于体前，抖绳由内贴近空竹绳槽，用脚将空竹向内拔倒，使空竹轮轴与人面向的方向一致（图 3）。

图 2

图 3

三、起动

（一）滚动起动法 绕绳后，调整空竹位置，两个发音轮的面分别朝向内、外，拉动抖绳，使空竹在体前左右来回，当空竹滚至右侧时，右臂前臂带动手腕向上抖动，使空竹在空中旋转（图 4）。

图 4

（二）抛接起动法 开口绕绳，两臂平伸，使空竹向上抛起，再用抖绳接住空竹，顺空竹在空中旋转之势，抖动空竹。

（三）直接起运法 交叉绕绳，两个发音轮的面分别朝向内、外，空竹置于体前，右臂突然上挑，使空竹旋转，抖动空竹。

四、抖动

方法与要点：两臂屈肘，上臂与前臂保持基本垂直，前臂基本水平；右手持杆有节律地上、下抖动，使空竹保持旋转（图 5）。

图 5

五、花样编创

（一）“金鸡上架”

方法与要点：绕绳起动空竹后，上下抖动，两臂平伸，扯直抖绳，一手上举，一手下举，使抖绳竖直，空竹由下往上爬。空竹可左、右上架（图 6）。

图 6

（二）“海底捞月”

方法与要点：绕绳上下抖动空竹，以右绳在外为例，双手稍高抬空竹，左手顺时针迅速划弧解绳，右手同时顺时针迅速划弧缠绳。（图 7）。

图 7

（三）抛接

方法与要点：开绳起动空竹后，上下抖动，双臂快速平展，使空竹向上弹起，然后，绳对准空竹轮接住空竹，可重复练习（图 8）。

图 8

（四）大回环

方法与要点：绕绳起动空竹后，上下抖动，双臂同时顺时针或逆时针划弧，使空竹在体前运行一周（图 9）。

图 9

（五）空竹跳绳

方法与要点：绕绳起动空竹后，上下抖动，双手持杆向后顺摇，同时，双脚跳起，使抖绳带动空竹，从体前经下、后、上绕人体一周，当空竹绕至体前时，抖动抖绳，使空竹继续旋转（图 10）。

图 10

（六）鸽子翻身

方法与要点：起动空竹后，上下抖动，左脚右后撤步，左手上举，右手稍下压，然后，以腰为轴翻身转体，右脚侧行一步平脚成平行站立，抖动抖绳，使空竹继续旋转。

图 11

（七）过独木桥

方法与要点：开口绕空竹，起动空竹后，上下抖动，当抖至右手位置高于左手时，左手突然向上用力，使空竹弹起腾空，右手前臂内折，持竿插入空竹槽中，使空竹在右手所持抖竿上旋转（图 12）。

图 12

第三节　空竹器材

（一）抖竿

大多用聚氨酯塑料制作，也有竹竿或不锈钢等材料制作而成。一般选择弹性好、重量轻的材质，竹竿弹性好、重量轻、价格适中、易变形，不锈钢抖竿重、但强度大，聚氨酯塑料竿重量适中、弹性一般。

抖双轮空竹抖竿长一般 40-50cm，抖单轮空竹的抖竿有长有短，有的抖竿长达数米。

（二）抖绳

有由多种材质制作的抖绳，如纯棉线绳、尼龙线绳、渔线绳、浆棉线绳等类型抖绳，实践中大多采用棉线。如果湿度比较大的地方，可使用渔线绳。如果空竹为木质轴，可选用尼龙线绳，而金属轴则不宜采用尼龙线绳。

抖绳长度一般以 1.5m–1.8m 为宜，也就是说以个人的身高为宜，抖绳短，动作施展不开。粗细以一般水性笔笔头粗细为宜。

（三）空竹

空竹种类繁多，给人目不暇接之感，单轮双轮、单轴双轴、木质塑料，数不胜数。对在学校体育教学，面向的是初学者，一般选择定向性好、重量稍大、外形稍小的双轮空竹。购买空竹时，一方面建议购买在市场上有影响力的品牌产品，另一方面，还应动手试一试，观看空竹是否转动平稳，以及发音的情况。因为，初学者学习中，经常因失误空竹掉地，空竹与地面碰撞而容易变形，所以，还要观察线槽轴与发音轮的连接是否稳固。

下图为双轮空竹及抖竿（图 13）

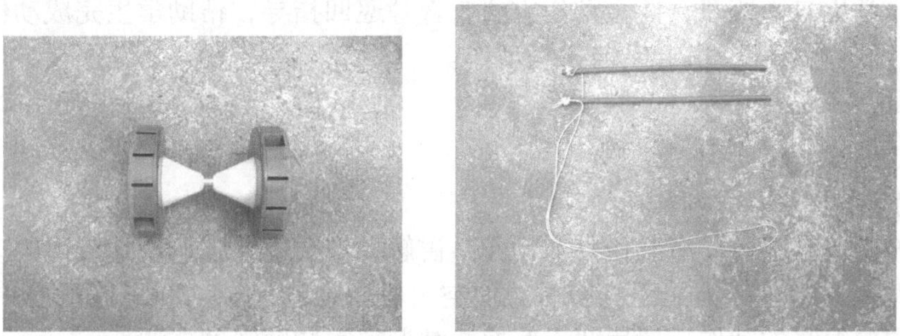

图 13

第四节　教学探讨

一、技能目标

通过学习，掌握空竹的基本抖法以及空竹的一些基本动作。学会空竹教学的组织方法。

二、教学内容

（一）空竹运动的简介：历史渊源、发展状况、器材等。

（二）技术

双轮空竹的缠绕、起动与抖动、动作造型。

三、教学重点与难点

空竹起动与抖动技术。

四、教法参考

（一）起动与抖动技术

1. 学生成两排坐下。如图所示。

× × × × × × × × ×

× × × × × × × × ×

▲

2. 教师讲解空竹运动的概述：空竹的渊源、发展、器材规格等。

3. 教师示范持杆动作，讲解握杆方法。

4. 教师示范以双轮空竹的缠绕动作，讲解缠绕方法。

5. 教师边领做、边讲解持杆和缠绕方法，学生做模仿练习。

6. 安排学生练习持杆和缠绳，体会方法。

7. 教师示范空竹的起动和抖动，讲解动作方法，强调“抖”的动作关键。

8. 教师领做起动和抖动动作。

9. 安排学生自由练习，体会动作方法，教师巡回指导，帮助学生完成动作。

10. 教师示范绳无交叉起动与抖动动作。

11. 学生自练。

（二）空竹的动作造型

1. “海底捞月”

（1）教师示范空竹“海底捞月”动作，讲解动作要领，强调快速绕绳的动作关键。

（2）两人一组，一人用手托空竹，使空竹停留在离地 30–50cm 高的空中，另一名同学做换方向缠绳的动作。然后两人互换，掌握解绳和缠绳的方法。

（3）安排学生自由练习，体会动作，教师巡回指导。

（4）选择动作优美的学生展示动作，教师讲评。

2. “金鸡上架”

（1）教师示范“金鸡上架”动作，讲解动作要领，强调绳适度拉紧的动作关键。

（2）教师徒手领做，学生徒手模仿练习。

（3）学生练习，体会动作，要求左右手均能上提完成动作。

3. “抛接”

（1）教师示范自抛自接（抖空竹时，杆绳不交叉）。

（2）讲解自抛自接的技巧，强调要将空竹平稳上抛的重要性。

（3）先小幅度练习自抛自接，然后逐渐加大幅度，直至达到抖绳被拉平的状态。

（4）两人一组，一只空竹，练习一抛一接。

（5）两人一组，二只空竹，练习互抛互接。

4. “大回环”

（1）教师示范空竹大回环动作，讲解顺势用力和适度拉绳的动作关键。

（2）教师徒手领做动作。

（3）安排学生练习，体会动作要领。

（4）组织部分同学表演，教师讲评。

5. “空竹跳绳”

（1）教师示范空竹跳绳动作，讲解动作要求。

（2）将空竹固定在抖绳上，练习跳绳动作。

（3）安排学生练习完整动作。

6.“鸽子翻身”

（1）教师示范完整动作。

（2）教师边示范边讲解动作要领，强调翻身时仰身空竹下垂的动作关键。

（3）教师徒手（持抖杆，不挂空竹）领做动作。

（4）口令指挥学生徒手练习动作，并帮助学生改进动作。

（5）安排学生自由练习，教师巡视，帮助改进动作。

（6）完成质量较好和不能完成动作的同学示范，对比分析，寻找共同存在的问题。

（7）继续练习，进一步提高动作质量或完成动作。

7.“过独木桥”

（1）整队集合，学生成二列横队站立。

（2）教师示范完整动作。

（3）教师边示范边讲解动作要领。

（4）学生按教师的安排自由练习，教师巡视，帮助改进动作。

（5）集中讲解练习中存在对动作要领欠理解之处，运用对比示范的方法，帮助学生理解动作要领。

（6）继续练习，进一步提高动作质量或完成动作。

第八章　抛绣球

第一节　投绣球概述

抛绣球是壮族人民传统的体育项目，绣球作为人们表达友谊和传情达意的信物，在每年的春节、三月三、中秋节等传统佳节歌圩中，壮族青年男女相邀聚集在一起，随着娓娓歌声，姑娘们将亲手缝制的精美绣球抛给自己的意中人，以表达爱慕之情，小伙子在接到绣球后，在绣球上附上礼物，抛回反赠女方，经过几个来回的绣球“传情”，心心相印的青年男女会确立恋情，成为眷属。今天，虽然表达爱情的方式多种多样，不再需要用抛绣球的方式来表达爱情，但是，抛绣球这一富含民族文化的民族传统体育项目，仍受到广大人民群众的喜爱。

经过众多体育工作者和艺术工作者，在原有基础上的加工和提炼，抛绣球运动已发展为不同需要表演类和竞技类体育项目。表演类抛绣球，既可用以表达男女青年的爱情故事，也可表达对远方的客人或嘉宾的欢迎，相同人数的男女表演者在场上，通过舞蹈动作的串连，辅以颂扬爱情的民歌，再现歌圩情境。表演中，男队员可以采用上抛、下抛，背后抛法，使绣球穿过绣球圈投给“意中人”，表现出他们高超的技艺和大胆示爱的情境，女队员的舞蹈动作表现的情感应是含蓄、羞答但又表现出对爱情的大胆追求。或通过欢快的节拍和优美的舞姿或配合祝酒等，表达勤劳、好客的人们对远方客人和嘉宾欢迎与客人们共享节日庆典的欢乐，寄托人们祈求来年五谷丰登，风调雨顺和人畜兴旺的愿望。

（2013 年广西武鸣“三月三”歌圩投绣球比赛，笔者拍摄）

第二节　投绣球技术

一、高杆投绣球的基本技术

（一）投绣球的技术分析

比赛中将绣球从投球圈投过才可得分。因此投绣球的准确性是技术中的重要环节，投球中绣球运动的轨迹是弧形。通过对抛绣球力学分析，出手角度选择45–50较为合适。

（二）持绣球

正对投球方向，两脚前后开立，左脚在前，重心落在右脚上，左手向前上方伸直，掌心向上，四指托球，右手握住绣球提绳的尾部，平屈于右侧，准备投球（图1）。

图1

（三）投绣球

动作要领：左手稍用力将绣球上抛，同时右手向后拉绳，展臂、绣球以提绳为半径，右手握绳处为圆心，绣球在身体右侧，按逆时针方向运动，同时蹬腿，送髋，伸臂送腕，重心前移，当绣球绕至前上方时，顺着球的惯性将球以合适的角度抛出。左臂自然平屈于胸前（图2）。

图 2

（四）练习

两人一组相距数米，进行投、接绣球练习，注意抛绣球弧形和抛球准确性，随着投绣球准确性的提高，逐渐拉大投、接球距离。

在投球线上取左、右、中各位置进行投球练习。练习不同位置投球。

二、背篓投绣球的基本技术

（一）技术分析

背篓投绣球的技术与高竿投绣球的技术比较相似。但是高杆投绣球，绣球运动轨迹的最高点达 9m 高，因此，绣球运动的弧度较大；背篓投绣球中，绣球运动轨迹的弧度则要小得多。所以，背篓投绣球的出手角度相对小。

（二）持绣球

背篓投绣球的持绣球技术与高杆投绣球的持绣球相同。

（三）投球技术

背篓投绣球的投球技术与高杆投球技术较为相似，在上面的“技术分析”中已经分析过，背篓投绣球的出手角度相对要小。如用工艺绣球比赛，则用单手肩上投球技术。

（四）背篓接球技术

1. 背向接球

接球手背篓面对投球手站立于接球区内，面对投球手，如来球过低，可采用蹲下，或转身背向来球，将球接入篓中（图 3）。

图 3

2. 侧身接球（图 4）

接球手背篓面对投球手站立于接球区内，面对投球手，如投球偏向两侧，判断来球落点，向左或向右侧身，将来球接入篓中。

图 4

3. 正面接球

接球手背篓面对投球手站立于接球区内，面对投球手，如投来的球过高，判断来球落点，向后移动或跳起将来球接入篓中（图 5）。

图 5

第三节 场地、器材和规则

一、器材

（一）绣球

用棉布或花布制成，直径 5–6cm，内装细沙或竹豆，重 150 克 ，球心穿系一条长 90cm，尾端系三片长 4cm，宽 2cm 的布条绳子，即为比赛用绣球，比赛时需备 5 种不同颜色的绣球各 3 只。（图 6）

（二）背篓

用竹或塑料制，篓上径直径 30cm，下径 20cm，高 40cm（图 7）。

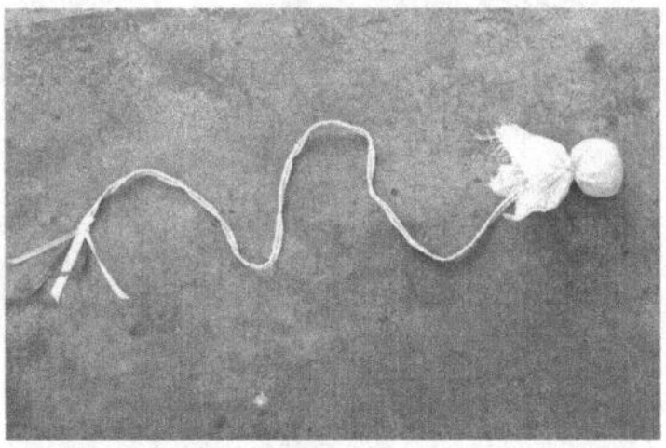

图 6

图 7

二、投绣球比赛场地

（一）高杆投绣球的场地

场地长 26m，宽 14m，长边的界线叫边线，短边的界线叫端线，在中线两侧各 7m 的地方，各画一条与中线平行与边线相连接的投球控制线，投球控制线到端线之间的地区为投球区，在中线的中点立一根高 9m 的杆，杆顶安装一个内径 1m 外径为 1.2m 的圆圈，为投球圈（图 8）。

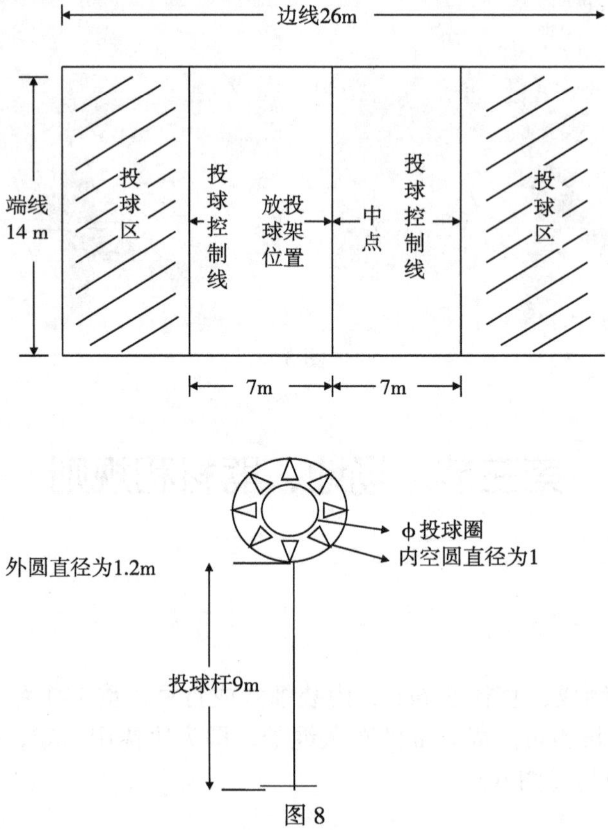

图 8

（二）背篓投绣球场地

在球场或空地相距15m处分别划投球限制线和接球限制线外分别设宽2m的投球区和接球区（图9）。

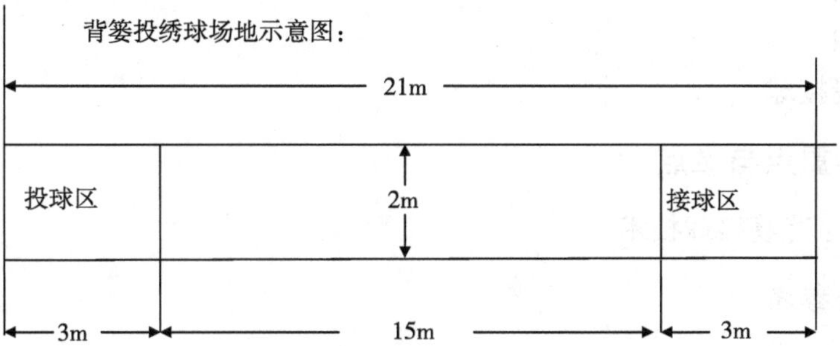

图9

三、主要规则

1. 背篓投绣球规则

背篓投绣球比赛则是1名接球员在接球区用背篓接球，另4名队员各持6只绣球在投球区投球。投球队员须在投球区内投球，不得越过投球区或踏上投球区线，并按次序投球，并且每次只投1个球。接球员必须在接球区内接球，不得越过接球区或踏上接球区线，接球手只能用背篓直接接球，不能用手及头等附加动作将球送入背篓内，否则判违例，所进球为无效球。在接球区内接中有效投球计1分，在3分钟内投球队员必须将所有的球投出，以得分多者名次列前，如果得分相等，则以投球用时少的队为胜。

2. 高杆投绣球规则

投球控制线到端线之间的区域为投球区，运动员必须在投球区内完成投球动作，否则被判罚违规，高杆投绣球比赛分团体赛和男、女个人赛，团体赛分两段进行，第一段，为5名女队员上场，第二段为5名男运动员上场。每段10分钟，个人赛也分为两段进行，每段5分钟。

比赛中，运动员将绣球投向投球圈，并飞快捡起自己的球反向投圈，中圈得1分，不中圈不得分。投球时踩控制线或拾别人的球投，均判违例一次并被扣1分。在比赛时间内各队员所投中的圈的个数为该队员的得分，团体赛则为10人得分相加，高者列前，如成绩相等则再投1分钟直至决出胜负。

第四节　教学探讨

一、技能目标

通过学习，掌握投绣球基本动作、投绣球比赛的主要规则以及基本的训练方法，达到能够组织投绣球的教学与训练水平。

二、教学内容

（一）投绣球运动的简介。

（二）持球

（三）投球

（四）背篓接球

三、教学重点与难点

投球技术；背篓接球技术。

四、教法参考

（一）投绣球运动简介

教师介绍投绣球项目的起源；发展；高杆投绣球和背篓投绣球的场地规格、器材要求、比赛简明规则。组织如图所示。

××××××××××

××××××××××

▲

（二）持球

1. 教师示范持球动作。

2. 教师边示范、边讲解动作要领。

3. 教师领做持球动作，学生做定势动作，教师检查并纠正动作。

（三）投球

1. 教师示范完整的投球动作，使学生对该动作有初步的认识。

2. 教师边示范、边讲解动作要领，强调顺势绕弧、匀速摆动、适时出手的动作关键。

3. 教师徒手边示范、边领做动作。

4. 教师口令指挥学生徒手练习，教师巡视并帮助学生改进动作。

5. 指挥学生持球练习（不出手），体会出手用力的感觉。

6. 指挥学生，两人一组，相隔 5m 进行投球练习，要求出手有合适弧度，球的落点在对方站立点的附近。

7. 指挥学生相距 8m、10m 进行投球练习，练习要求同上。

8. 指挥学生到高杆场地进行投绣球自由练习。

9. 在两侧场地投球线上各画三个标志点，要求每名练习者在各标志点投中三个球，体会不同位置的投球。

10. 每五人一组，进行教学比赛，按比赛要求投球 3 分钟，并计分。

（四）背篓接球

1. 教师介绍背篓的前、后、左、右接球方法。

2. 教师分别投高远球、近低球、左侧球、右侧球，另一学生学习各种接球动作。

3. 安排学生轮流接球，每人接 10 个球，其余同学练习投球。

4. 五人一组，进行教学比赛。

第九章　抢花炮

第一节　抢花炮概述

抢花炮被誉为“现代橄榄球”。抢花炮为侗族、壮族等民族的体育项目代表，起源于广东，原是商会在水、陆、码头等交通要道等公共场合举行的群众性体育活动，目的是为了招揽生意，吸引顾客，扩大贸易往来。现流行于黔桂湘三省及毗邻地区，成为侗族、壮族、仫佬族等民族逢年过节等盛大庆典活动中的主要内容。在农历三月三或人们欢庆丰收后时，男女老幼身着节日盛装，相邀聚集在村头的空旷地带，为本村的抢花炮的小伙子呐喊助威，共享节日庆典的喜悦，他们时而为过五关斩六将的队员的勇敢拼搏而呼喊，时而为小伙子的机智巧妙而赞誉，或为比赛中的惊险动作而惊呼，场上比赛的小伙子则最大限度地发挥智慧和潜能，力争在赛场上拼出精神和勇气，以获得村中姑娘的爱。整个场面热闹壮观，充满了节日的喜庆气氛。传统比赛的花炮是用竹或藤编织或用铁条绕成为直径 5cm 的圆圈，再缠以红布，用红、绿丝线扎牢，扎成红炮圈，比赛时是多队上场，几十号人在场上，斗智斗勇的场面甚是壮观，抢得头炮的队，为冠军队，该队则退场休息，来年的抢花炮比赛由该村寨主持，获得头炮的队，将得到陈年老酒一坛，烤香猪一头的奖赏。其余各队继续比赛，争夺二炮、三炮。

（2011 年贵阳全国第九届少数民族运动会抢花比赛，广西队与北京队比赛中，红衣方为广西队，笔者拍摄）

1982 年 9 月在内蒙古呼和浩特举行第二届少数民族传统体育运动会上进行了抢花炮的表演，令人耳目一新，1987 年 10 月在广西崇左召开了九省（市）抢花炮邀请赛，

1991 年广西南宁第四届民运会、2004 年银川第七届民运会广西获得抢花炮冠军。

（民间抢花炮，2010 年柳州三江县第 129 届花炮节抢花炮场面，笔者拍摄）

第二节　抢花炮的技术

一、持炮

（一）夹捏炮

左右手均可持炮，用拇指和其余四指分别贴住炮的两面捏住花炮。在比赛或训练中，偶尔也有双手夹炮跑动的（图 1）。

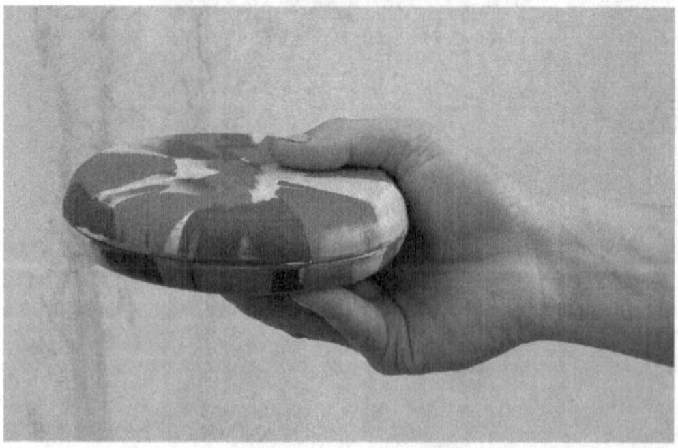

图 1

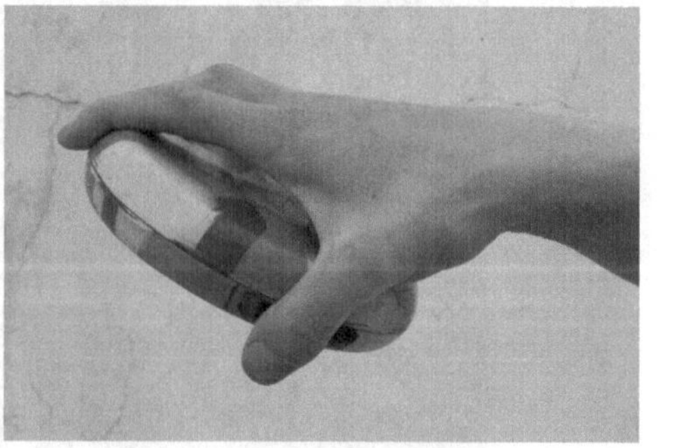

图 2

（二）抓握炮

五指伸开，掌心对花炮面，用五指握住花炮的轮缘（图 2）。

二、传接炮

（一）传炮

平传炮：手持花炮伸向传炮方向，花炮成水平，花炮面朝上，向内屈肘屈腕，然后快速伸臂抖腕，将炮传出（图 3）。

图 3

（二）立传炮

动作技术与“平传炮”同，但花炮轮缘朝上（图 4）。

图 4

（三）掷炮

面对传炮方向，向上向后引臂，手持炮于头的后上方，上体稍倾；上体稍前俯，同时向前摔臂将炮掷出（图 5）。

图 5

（四）接炮

1. 单手接炮：右臂迎炮伸出，掌心朝下（接平传炮）或掌心向里（接立传炮），用拇指和其余四指将炮夹捏住（图6）。

图6

图7

动作关键：右臂迎炮伸出，触炮后引缓冲。

2. 双手接炮：双臂伸向来炮，两掌心相对，用两手将来炮夹握住（图7）。

3. 传接炮的练习方式

原地传接平炮、传立炮、掷炮练习。

①人一组传接练习：两人相向站立进行原地传接炮练习。

②三人三角站位传接炮练习：三人一组成正三角形站立，按顺时针或逆时针方向，三人传两炮或三人传三炮练习（图8）。

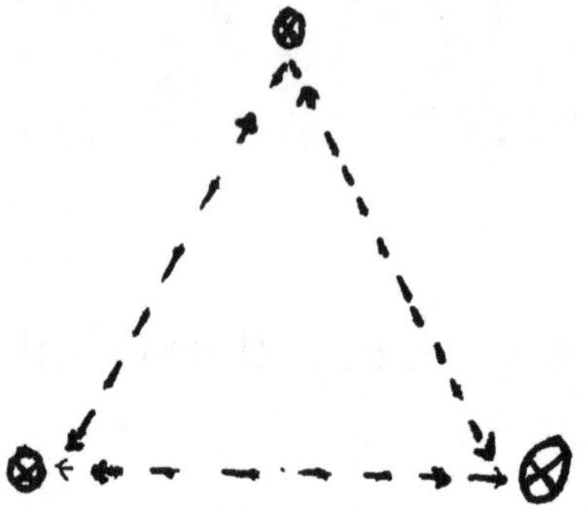
图8

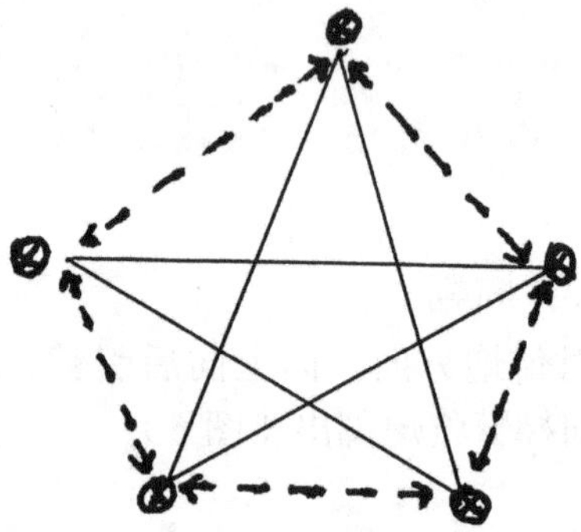
图9

③五角传炮练习：五人一组站成五角形，按图示路线传炮（图9）。

行进间传接炮

①人行进间传接炮练习　两人一组相距数米（随动作熟练程度增加距离），同时跑动，在跑动中进行传接炮练习（图10）。

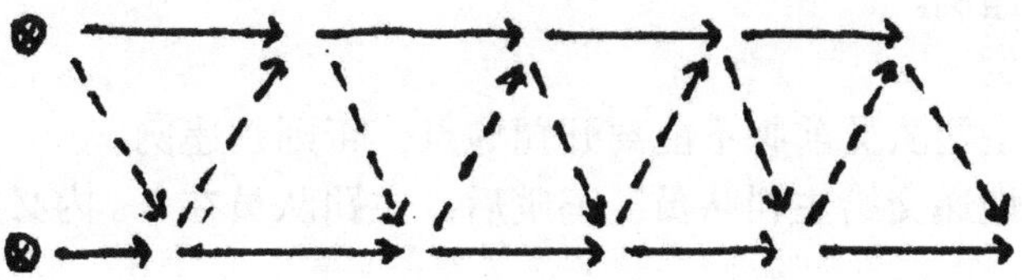

图 10

②三人行进间交叉跑动传接练习

动作要领：三人一组成平行站立，面对前进方向（图 11）B 持炮将炮传给向右斜前方跑动的 C，再从 B 的左后绕前切进，C 接炮后将炮传给向左前斜插跑进的 A，然后从 A 的背后，由右向后向左前切进，如此依次类推进行练习。

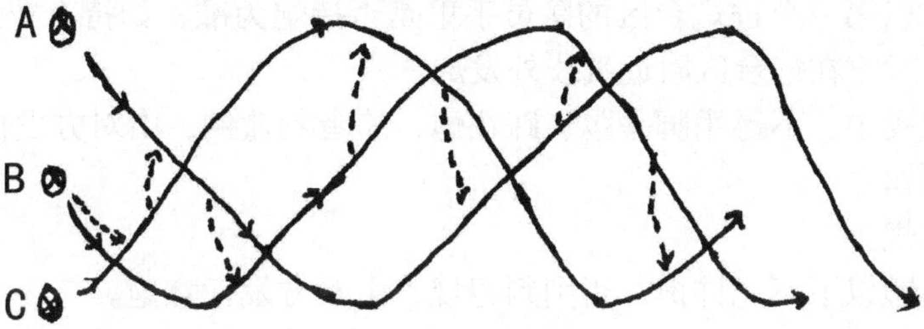

图 11

③三角移动传接炮：将练习者分成人数相等的三组，成三路纵队站立于正三角形的三个顶点上（如图 12），按图示传炮和跑位。

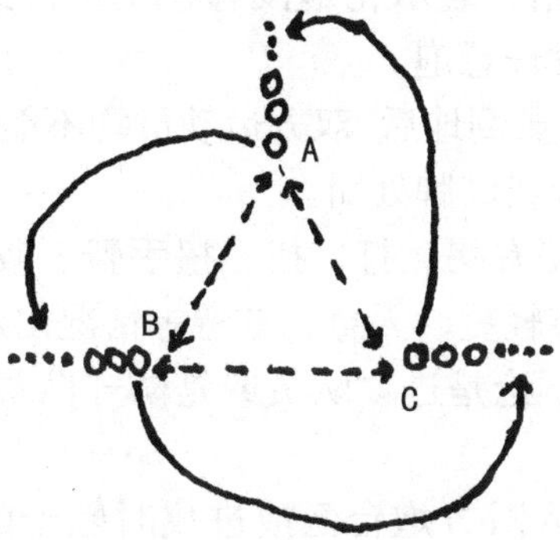

图 12

第三节　比赛场地、器材及主要规则

（一）主要规则

1. 违例与判罚

（1）发界外炮违例。

（2）发任意炮违例。

（3）发点炮违例。

①发点炮时，主罚队员前脚不能离开罚炮点，否则判违例。

②裁判员将花炮递交给主罚队员。鸣哨后，主罚队员在 5 s 内必须将花炮投出，否则判违例。

③罚点炮时，对方队员如果干扰主罚队员，罚中有效，未罚中重罚 1 次。

（4）在发炮区内点炮后，抢到花炮的队员必须以明显的动作递给第二人以后，方可进攻对方炮台。否则判违例，由对方在端线外发炮。

（5）持花炮运动员只能把花炮拿在手中，不许藏炮。如果把花炮藏在衣服里或夹在腋下等，判违例，由对方发任意炮。

（6）非持炮队员不得进入对方炮台区。在双方对抗中，攻方的数名队员同时进入对方炮台区，应以第一个进炮台区的队员手里是否持炮为准，如持有花炮判进攻有效，反之则违例，由对方在炮台区附近端线外发炮。

（7）比赛过程中，不得用脚去踢、踩花炮，违者判违例，由对方发任意炮。

2. 犯规及判罚

（1）抱人犯规。

①肩以上、髋以下不允许抱，否则判犯规，由对方发任意炮。

②在发炮区发炮后，只有当花炮被抢到手后才允许抱人，否则判犯规，由对方发任意炮。

③发界外或任意炮只有花炮被第二人接到手之后才允许抱人，否则判犯规，由对方发任意炮。

④被抱者如两手伸开五指，表示花炮没有在手中，这时抱腰者应立即停止抱人，否则判罚抱人犯规，由对方发任意炮。

（2）踩人、压人犯规。某队员倒地后，双方运动员均不能往其身上踩、压，否则判犯规。对有意踩、压人者，出示黄牌或红牌处罚。

（3）在比赛进程中，不得有踢、打、拦、扭手臂、咬人等不道德行为，发现以上动作判犯规。裁判员可视情节轻重、无意、有意等情况出示黄牌或红牌。

（4）推人、冲撞犯规。不论是进攻队员或是防守队员不得有意推人和冲撞人，对情节严重的出示黄牌或红牌。

（5）持花炮运动员已进入对方炮台区或进攻时躯干的一半以上已经进入炮台区，对方队员应停止抢夺花炮。否则判犯规，对犯规严重者出示黄牌或红牌。

（6）当队员准备抢地上花炮时，对方队员用脚踩、踢花炮则判犯规。

如果造成对方受伤，将被出示黄牌或红牌。

被出示黄牌者罚出场 2min；被出示红牌者取消该场比赛资格。在一场比赛中受到 3 次黄牌处罚的运动员，取消该场比赛资格。

（二）场地

1. 场地面积。比赛场地是一个长方形的平坦地面，长 60m、宽 50m。

2. 炮台区。炮台区在距离端线中点两侧 3m 各向外画一条线把其顶点连接起来，与端线平行，这个区域为炮台区。在炮台区两侧设有高 2m 以上的网墙。

3. 罚炮区。罚炮区以端线中点为圆心，以 11m 为半径画一条弧形线，在与端线相交的弧形区域内为罚炮区。在罚炮区内犯规均罚点炮。

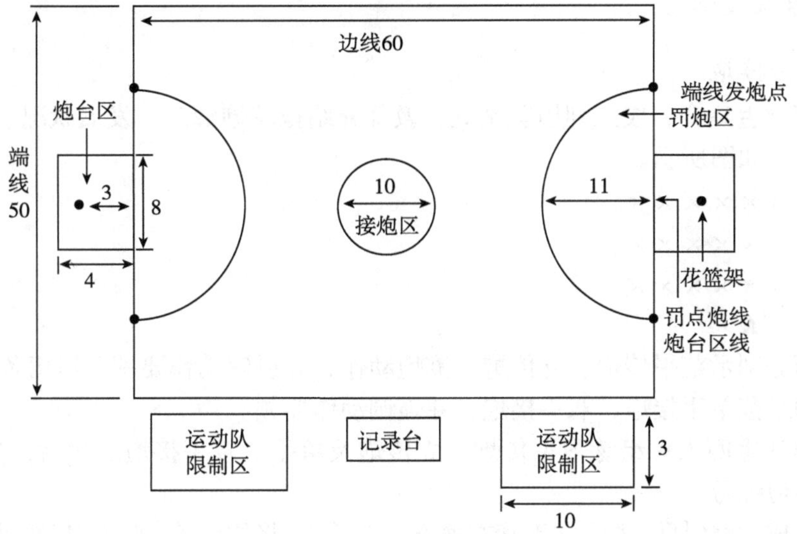

（三）器材

1. 花炮。花炮是一个直径为 14cm，厚 1.5–2cm，重 150–200g 的胶质圆饼。

2. 送炮器。送炮器能把花炮冲上 15m 高，又能发出像鞭炮声的一种发射器。发炮时，送炮器放在发炮区的圆心上。

3. 花篮架高 80cm，放在离端线中点 3m 的炮台区内，花篮架可用任何材料制成。

4. 花篮花篮上中内沿直径为 30cm，下底直径为 15–20cm，约高 20cm。

第四节 教学探讨

一、技能目标

通过学习，掌握各种传接炮、跑动捡炮及各种移动的方法，理解基本的战术，能够达到组织抢花炮教学和训练的水平。

二、教学内容

传接炮：平传炮、立传炮、掷炮；单手接炮、双手接炮

跑动捡炮：捡固定炮、捡移动炮

移动：加速跑、侧身跑、“S”形跑、“Z”字变向跑、侧滑步、后退跑

攻台技术：加速跑攻台、变向加速攻台、转身摆脱对方攻台、压线攻台

战术：界外炮战术、抢抛炮或发炮战术、防守战术、攻台战术

三、重点与难点

对战术的理解。

四、组织教学

（一）传接炮

1. 指挥学生集合，成三列横队站立，教师介绍抢花炮源起、发展状况、简明规则、场地器材等。如图所示。

× × × × × × × × ×
× × × × × × × × ×
× × × × × × × × ×
▲

2. 教师分别示范平传炮、立传炮、掷炮动作，并讲解动作要领、适用条件等。

3. 教师示范单手接炮、双手接炮，并强调动作要领。

4. 安排学生两人一组练习平传炮、立传炮及单手、双手接炮。然后，拉大距离进行掷炮和接炮练习。

5. 学生成一路纵队，教师立于其右前方或左前方，将炮传给（平传炮）跑动中的学生，学生用右手或左手单手接炮。

6. 二人一组，一人固定位传炮，另一人左右移动接炮。

7. 二人一组，一人固定位传炮，另一人前后移动接炮。

8. 二人一组，行进间传接炮练习（主要是平传炮），单、双手接炮均可。

9. 三人一组绕 8 字行进间传接炮练习。

（二）移动

1. 指挥学生成三列横队坐下。

2. 教师分别示范加速跑、左右侧身跑、“S”形跑、“Z”字变向跑、侧滑步、后退跑，讲解各种移动在比赛中的运用。

3. 安排学生进行各种移动的练习。

（三）捡炮

1. 教师示范行进间单手、双手捡固定炮动作，讲解动作要求。

2. 指挥学生成一路纵队站立，教师持炮立于左前方或右前方，掷平炮落地，学生跑动用单手或双用捡炮。

3. 教师示范侧滚翻捡固定炮动作，强调动作的关键。

4. 安排学生练习原地侧滚翻。

5. 指挥学生练习上三步侧滚翻。

6. 指挥学生练习跑动侧滚翻动作。

7. 练习跑动侧滚翻捡炮动作。

8. 教师将炮立起向前滚动，示范捡滚动炮动作，强调动作关键。

9. 学生自由模仿练习。

（四）战术

1. 界外炮战术

（1）教师讲解界外炮战术的要领、方法、战术意识、运用及注意事项。

（2）选出5名学生与教师分别演练界外炮战术中的掩护、传身后炮。

（3）选出一组同学进行练习。

（4）教师以该组的练习进行讲评，提示学生如何运用战术。

（5）安排学生进行练习。

（6）巡视、指导学生练习，发现问题及时纠正。

2. 抢抛炮或发炮战术

（1）教师讲解抢抛炮战术的要领、方法、运用及注意事项。

（2）将学生分成人数均等的多组进行对抗练习。

（3）教师抛炮，学生练习。

3. 防守战术

（1）教师在黑板上讲解区域联防的要领、方法。

（2）选出8名同学，在场地内按区域联防的要求站位，教师讲解练习的方法及练习的注意事项。

（3）教师指导8对8的，进攻与防守练习，先由一组进攻，另一组练习防守。

（4）两组互换，攻换为防守，防守换为进攻。

第十章　跳竹竿

第一节　跳竹竿概述

竹竿舞也叫跳竹竿，是京族、佤族、黎族和苗族等少数民族民间的一种舞蹈，黎语意为“跳柴”，至今已有数百年的历史。跳竹竿因趣味性、娱乐性强，动作技术简单易学而得到广泛推广。竹竿舞分布在很多民族和地区，各自有不同的特点。

广西京族三岛的京族先祖以渔业为生，家家户户都有上千米的鱼网，打鱼季节，男人们一次出海往往数十天，打鱼归来，鱼网破损处要及时补上，以便在丰收的季节再次出海。这时，海滩边、丛林中、街头巷尾到处可见修补鱼网的男女老幼，敲击抬网，晒网的竹竿，来共庆丰收。后来人们在长期的劳动、生活中，将这一娱乐活动进行丰富与发展，形成了竹竿有节律地敲击，表演者在竹竿间隙随敲击竹竿的节拍载歌载舞的一种娱乐性较强的活动。在海南省和我区的沿海地区，每当节日时，青年男女穿上节日盛装，在村寨的场地上举行跳竹竿活动，欢庆丰收或迎接远方的来客，随着铿锵有力、欢快奔放的节奏，人们在竹竿上表演各种动作，有的踩着高跷，有的穿着木鞋，也有多人同穿一双木鞋做出各种表达情感的动作，或者手持红绸，头戴彩帽翻跟斗等高难动作。

佤族是跨境而居的民族，在中、缅、泰三国都有分布。佤族是能歌善舞的民族。竹竿舞，过去是在有福分的老人死后人们跳的一种舞蹈，现已成为一种娱乐性的舞蹈。舞蹈形式与我国海南省黎族竹竿舞相同。即两根大竹竿平摆在地上，在两根大竹竿外面，人们两人一对，面对面持小竹竿，沿着大竹竿来回滑动碰击，舞者在两竿滑动相撞的空隙中跳动。舞蹈动作为模仿蚂蚁、斑鸠、豹子、画眉等动物形态起跳，活泼欢快。竹竿舞，一般在寨中有威望、有影响的老人死后举行，以碓杵击打竹竿而舞，寨中男女老幼均可参加。当地老人说：“人虽然死了，但灵魂不死，它到另一个世界后同样离不开歌舞，所以人们要唱歌跳舞欢送他。”正是这种旷达的生死观，造就了佤族诸多的丧事舞蹈。

苗族竹竿舞。竹竿舞是罗甸县董王乡一带苗族群众在生产生活中自创的一种自娱性舞蹈，主要是表现苗族青年男女对自由恋爱的追求与理想，一般在重大节庆日与迎接贵客时演出。竹竿舞的演出要求并不十分苛刻，道具要求也相对简单化。只要有一块平坦的草地就可以进行演出。一般是8对男女青年进行，演出时男子著短衣，腰系红绸缎；女子着苗族特有的手工大摆裙，由苗族大堂鼓伴奏打节拍，和以一阵阵的欢呼声，与红绸缎、彩裙一起烘托出一种朴素洒脱的美。竹竿舞一般分山间偶遇、搭桥过河、相恋、抬新娘回家四个环节，各个环节都流露出苗族青年男女真挚的情感与饱含着许多原生态的审美元素，古朴自然。

（2013 年广西武鸣“三月三”歌圩跳竹竿，笔者拍摄）

黎族竹竿舞（打柴舞）。“跳柴”原是黎族一种古老的祭祀方式。数百年前，当经过辛勤耕作，换得新谷归仓时，村里男女老少就会穿上节日盛装，家家户户炊制新米饭，酿造糯米酒，宰杀禽畜，祭祀祖宗和神灵。酒酣饭饱后，众人就会来到山坡上，点燃篝火，跳起竹竿舞。竹声叮咚，庆祝稻谷丰登，祝愿来年有更好的收成。“跳柴”每年从开春之日起，直至元宵，欢跳不息，热烈气氛充溢着山坡村寨。随着时代的变迁，“跳柴”习俗在黎族中逐渐流传演变。如今，它的祭祀色彩逐渐消失，已成为一种带有民族文化色彩的体育健身活动。过去那种只限“女打男跳”的习惯，如今也换成“男女混合打跳”。现在，跳竹竿已经成为“三月三”黎寨山恋节中一项健康的活动内容。青年男女凭借跳竹竿活动，寻找“搭档”，增进情谊。小小竹竿为青年男女架设起了“鹊桥”。现在“竹竿舞”不但跳遍大江南北，也越来越引起国外游客的兴趣，不少外国旅游者专门来到黎村，与黎族青年同学习、共欢乐，真切感受着浓浓的黎家风情。

跳竹竿经文艺工作者和体育工作者的加工整理，已成为表演性强的民族体育项目，在广西第九、十届少数民族传统体育运动会上，防城港市代表队均进行了跳竹竿的表演，其精湛的表演受到了观众的好评。当前，广西或南宁市重大文体活动和其他活动中，均进行跳竹竿的表演，可见这项体育活动深受人们喜爱。广西民族学院代表队多次受邀参加“南宁国际民歌节”、“西南六省一市七方经济协作会议文艺晚会”，“世界大学生运动会火炬交接仪式”等重大活动中进行了跳竹竿的表演，受到组委会和观众的高度称赞。

一副竹竿由两条粗竿和多条小竿组成。单副竹竿粗竿长 4–6m，小竿需 6–8 条，长 3–5m。有时木板鞋、高跷、越南帽、扇等用于跳竹竿中不同的动作编排的需要。

第二节　跳竹竿的技术

跳竹竿是由 8–10 人打竿，数目不等的跳竿者组成，打竿者或坐或蹲或站于细竿两端，两人一组，左右手各握细竹端，统一按不同的节律敲打粗竿和互碰细竿，发出有节律的，铿锵清脆的响声；跳竿者则根据不同的节律在竹竿间隙中左跨右跳或载歌载舞或做出高、难、美、新的动作。跳竹竿的技术可分为打竿和跳竿两个基本环节。

一、摆竿

（一）横摆法

1. 无缝横摆

8 条横竿依次摆放于底竿上，以相邻敲竿者所持横竿，分敲竿时，相邻敲竿者所握横竿相互靠近（图 1）。

图 1

2. 间隔横摆法

8 条横竿依次摆放于底竿上，以相邻敲竿者，分竿时，横竿与横竿之间，间隔一定距离。

（二）交叉法

1. 四竿交叉法：底竿不动，四条竿横摆，另四条竿竖摆（图 2）。

图 2

2. 八竿交叉法：底竿不动，两副横竿横摆，另两付横竿竖摆（图 3）。

二、敲竿

根据不同的需要，需多人敲竿。

（一）打竿姿势

1. 坐式：两腿交叉盘腿而坐（图 4）。

图 3

图 4

2. 半跪式：单膝跪蹲（图 5）。

图 5

3. 站打：站立举竿。

（二）握竿

根据打竿的方法不同，握竿可分为全握法和半握法。

全握法：拇指与其余四指分开，虎口朝前掌心向里，拇指与其余四指扣屈握竿（图6）。

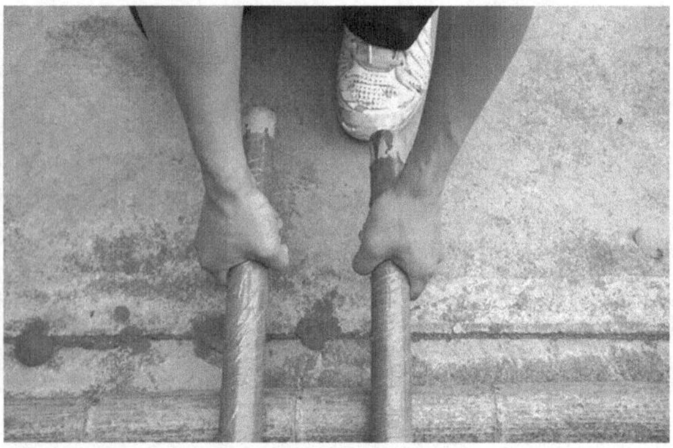

图6

半握法：四指并拢，掌指朝下，拇指前伸，掌心向里。四指扣屈握竿（图7）。

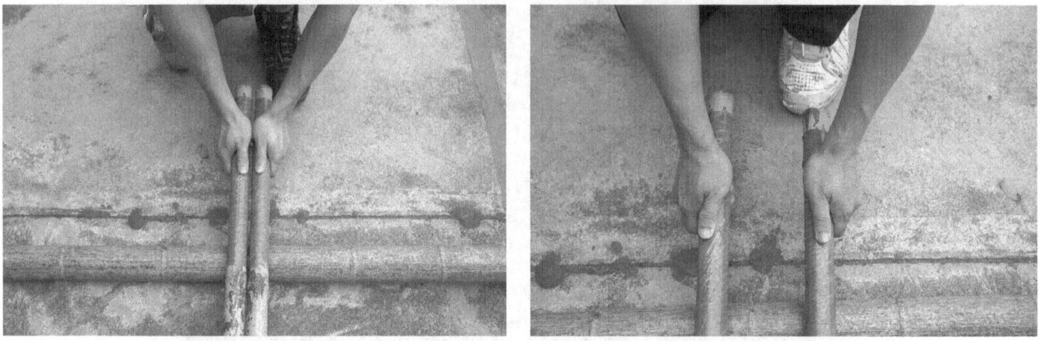

图7

（三）打竿方法

打竿者双手各执一细竿，用细竿敲击粗竿或用左右手所握细竿互击，以此形成优美悦耳的节律。根据敲击的方法不同，打竿可分为打敲法和平碰法。

1. 打敲法：手握细竿敲击粗竿。

在跳竹竿过程中，打竿者手握细竿用不同节律敲击粗竿。细竿有节律的开合，跳竿者在两竿开离时踩着竹竿间隙前移（图8）。

图 8

2. 平碰法：两竿在合敲时，用两竿内侧相互碰击。

3. 提敲法：一手原地敲竿，另一手 1、2 拍敲，3、4 拍举竿。

（四）打竿节拍

打竿的节拍关系跳竹竿的节律及表演的重要因素，是跳竹竿这一项目的“中枢组织”，跳竿者必须按打竿的节拍来跳竿，否则就会踩竿或被竿夹着。如果打竿节拍紊乱，跳竿者也就无法完成跳竿，导致表演失败。

1. 2/2 节拍，分敲二次，再合敲两次。

2. 3/1 节拍，分敲三次后，再合敲一次。

3 .2/1 节拍，分敲二次后再合敲一次。

4. 1/1 节拍，分敲一次后再合敲一次。

5. 3/3 节拍，分敲三次后再合敲（或平碰）三次，周而复始，形成“嗒嗒嗒…嗒嗒嗒…嗒嗒嗒…嗒嗒嗒…”的节律。

6. 打空竿：就是打竿过程中，小竿在分敲时的位置，原地连续不断地按节奏敲击粗竿。

三、跳竿及动作编排

跳竿是根据打竿的节拍，在竿中左跨右跳，并配合手部或全身动作来表达艺术抒发情感的过程。跳竿时不能踩着竹竿，也不能被竹竿夹着，而是踩着竹竿开、合时所留下的间隙行跳竿的节拍。根据跳竿时行进的方式，跳竿可分为单脚跳进，双腿并进跳。

（一）以横摆法摆竿为例

1. 跳单竿：两人敲一条竹竿，跳竿者斜向进竿（图 9）。

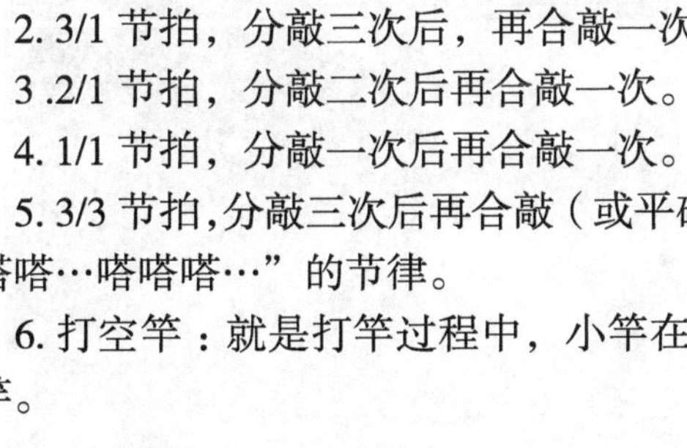

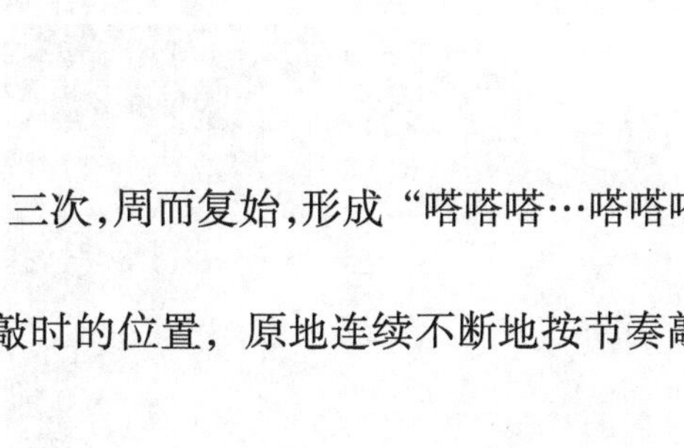

图 9

2. 跳双竿：两人敲两条竹竿，分、合敲，跳竿者依据打竿节拍，跳竿（图 10）。

图 10

3. 跳空竿

所有的小竿均匀摆开，不合敲，只在原地敲打，跳竿者练习节奏（图 11）。

图 11

4. 正面双脚并步跳

面对跳进方向，依据打竿节奏，两脚依次跳入竿中，然后，成并步（图 12）。

图 12

5. 侧面双脚并步跳

肩线对跳进方向，依据打竿节奏，两脚依次跳入竿中，然后，成并步（图 13）。

图 13

6. 正面并双脚交替步跳

面向跳进方向，依据打竿节拍，双脚交替跳进（图 14）。

7. 侧面双脚交替跳

面对打竿者，跳竿者依据打竿节拍，双却交替跳进（图 15）。

8. 两人相向而立，同时跳进，手部可做相互击掌动作（图 16）。

图 14

图 15

图 16

9. 多人手牵手成列队，单脚直进跳，手部动作为：第 1 拍手牵手上举，第 2 拍，向下后摆动（图 17）。

10. 两人手牵手相向并步跳，手部动作为：第 1 拍，双臂内夹屈肘摆至胸前；第 2 拍，双臂展开至侧下。

11. 3–5 多人一组，侧向站立，双手搭肩，按统一节拍双脚交替跳（图 18）。

图 17

图 18

12. 3–5 人一组，手扶相邻者腰部，成一列横队站立，整齐划一双脚交替跳进。

（二）四竿交叉跳

1. 四竿斜线直进跳

两副竿摆放呈“井”字形，依据打竿节拍，斜线跳进（图 19）。

图 19

2. 四竿跳“口”字

两副竿摆放呈“井”字形，依据打竿节拍，绕竹竿外围跳一个“口”字（图 20）。

图 20

（三）八竿交叉跳

1. 八竿斜线直进跳

四副竿两两交叉，呈“井”字行摆放，依据打竿节拍，跳竿者斜向跳进（图 21）。

2 . 八竿跳“口”字

四付竿摆放呈“井”字形，依据打竿节拍，绕竹竿外围跳一个“口”字（图 22）。

图 21

图 22

第三节　教学探讨

一、技能目标

通过学习，初步掌握打竿和跳竿的基本技术，能运用基本技术创新、编排动作及动作组合，达到能独立指挥跳竹竿表演的水平。

二、教学内容

（一）打竿：打竿姿势、握竿的方法、打竿方法、打竿节拍。
（二）跳竿：正面双腿交替跳、正面并步跳、侧身并步跳、侧身双腿交替跳。
（三）跳竿组合练习。
（四）跳竿动作编排。
（五）摆竿组合跳竿。

三、教学重点与难点

跳竿节奏与打竿节拍的协调一致；跳竹竿动作编排。

四、教法参考

（一）跳竹竿文化介绍

学生成多列横队站立，教师介绍跳竹竿的文化内涵：起源、民族属性、器材、现代发展。组织如图所示。

××××××××××
××××××××××
▲

（二）打竿教学

内容包括打竿姿势；握竿的方法；打竿方法；打竿节拍的教学。
1. 学生成多列横队站立于竹竿一侧，教师在另一侧示范、讲解。
2. 教师示范、讲解盘腿坐、半跪式打竿姿势，讲解其运用。

3. 教师示范、讲解握竿的方法（半握法、全握法）及在实际运用中的注意事项。

4. 教师示范打竿方法（碰竿法、敲竿法、敲举法）。

5. 教师介绍多种打竿节拍（2/2 节拍、3/1 节拍等），并示范和讲解，并与一位学生进行示范。

6. 组织每 6–8 人一组练习打竿，每组集体做盘腿坐、半跪式；半跪式用全握法握竿方法，以“2–2”节拍，练习敲竿法、敲举法；半跪式用半握法握竿方法，以“2–2”节拍，练习平碰法打竿。

（三）跳竿教学

内容：

双腿交替跳：正面双脚交替跳、侧身双脚交替跳、双脚交替旋转跳。

双脚并步跳：侧身并步跳、侧身双腿交替跳。

1. 一组学生以“2–2 节拍”打竿，教师依次示范正面双脚交替跳、侧身双脚交替跳、双脚交替旋转跳、侧身并步跳、侧身双腿交替跳。

2. 级织学生成多列横队站立，组织如图所示。

× × × × × × × × ×

× × × × × × × × ×

▲

3. 教师边示范（不上器械）、边讲解正面双脚交替跳，并用“12、12”口令领做动作，然后，用口令指挥学生练习，并对练习中存在的不足，运用个别纠正或集体纠正，帮助学生改进和提高动作质量；侧身双脚交替跳、双脚交替旋转跳、侧身并步跳、侧身双腿交替跳组织教法可参考正面双脚交替跳。

4. 安排两名学生持一条竿，以 2–2 节拍打竿（2 拍原地敲，2 拍向内或向外移 30–40cm 敲），教师示范单腿交替跳进，教师强调学生通过练习，把握跳竿节拍，组织学生成一路纵队进行练习。

5. 安排两名学生持两条竿，以 2–2 节拍打竿，组织学生成一路纵队练习正面双脚交替跳、侧身双脚交替跳、双脚交替旋转跳、侧身并步跳、侧身双腿交替跳。

6. 均匀分开摆放在底竿上（不敲打），组织学生依次练习单腿交替跳进、双脚并步跳、侧身跳、转体跳、单腿交替进退跳等各种跳法。

7. 安排 6–8 名学生以“2–2”节拍打空竿（只分敲不合敲），组织学生依次练习单腿交替跳进、双脚并步跳、侧身跳、转体跳、单腿交替进退跳等各种跳法。

8. 安排 6–8 名学生以“2–2”节拍打竿，组织学生依次练习单腿交替跳进、双脚并步跳、侧身跳、转体跳、单腿交替进退跳等各种跳法。

9. 先以敲竿法打竿方法进行教学，然后，可以以碰竿法、敲举法等打竿方法进行练习。

10. 教师检查，帮助学生改进动作。

（四）跳竿组合练习

1. 两人一组，手牵手并排站立正面跳，根据跳竿节拍，依次做双臂向前上方摆动——向后下方摆动。

2. 两人一组，手牵手相向而立侧身跳，根据跳竿节拍，依次双臂做分摆合摆动作。

3. 两人一组，相向而立侧身跳，根据跳竿节拍，依次双臂做分摆合摆动作。

4. 两人一组，相向而立侧身跳，根据跳竿节拍，依次做两人相互击掌、自拍。

5. 两人一组，手牵手并排站立，跳竿时，一人始终保持正面或侧面跳进，另一人则旋转跳。

6. 多人一组，手牵手面向跳进方向站立，根据跳竿节拍，双臂做前摆后摆动作。

7. 多人一组，面向跳进方向站立，左右臂搭在相邻者腰部，根据打竿节拍跳进。

8. 多人一组，手牵手侧向站立，根据跳竿节拍，双臂做前摆后摆动作。

9. 多人一组，手牵手面侧向站立，跳进后，队首与队尾相接，跳竿者在竿内在一圆圈，边跳边移动，绕圆心旋动。

10. 多人一组，面向跳进方向，左手扶前者肩，右手握持后者右踝成纵队站立，根据打竿节拍跳竿。

（五）跳竿动作编排

1. 教师讲解编排集体动作的原则，思路与要求。

2. 安排学生每 2–4 人一组自由编排（不上竿），教师视情况给予提示。

3. 每组学生进行汇报表演，教师讲评。

（六）摆竿组合

1. 两副横竿成“十”字交叉摆放，安排学生斜跳或“口”字跳。

2. 四副横竿成“井”字交叉摆放，安排学生斜跳或“口”字跳。

第十一章 木板鞋

第一节 木板鞋运动概述

木板鞋运动是我国民族民间体育项目之一，是壮族人民群众在长期的社会生产、生活过程中的智慧结晶，在壮族聚居区广为流传。在长期的社会实践活动中，木板鞋运动在壮族人民的凝聚民族精神、文化传承、健身娱乐中发挥了作用。木板鞋作为一项体育项目还比较“年轻”，它从壮族民间走向现代社会也不过三十年，然而，木板鞋运动以其独特的文化内涵，为广大人民群众所喜爱，不仅进入了部分地区的学校教育体系和我国大部分省、自治区、直辖市少数民族传统体育运动会、全国少数民族传统体育运动会，而且，还成为某些地区民俗节日活动中的项目，为我国的经济、文化建设做出了贡献。广西壮族聚居区是木板鞋游戏的发祥地，在木板鞋运动传播过程中起到重要的作用。

“木板鞋是壮族民间传统体育项目，相传源于明代”。明代嘉靖年间，倭寇频频侵扰我国沿海地区，大肆进行烧杀掠夺，沿海民众苦不堪言，明统治者曾多次派兵抗倭，而收效甚微。后来，瓦氏夫人受令，率兵进驻东南沿海地区抗击倭寇。为了提高军队的战斗力，在军队的训练中，瓦氏夫人令多名士兵一组，穿上同一副木板鞋齐步走、跑练习，士兵练习时，必须保持步调统一，团结一心，默契配合。长此以往，士兵们操练时步伐整齐、步调一致，大大地提高了协同一致的作战能力，士兵的身体素质也大大提高，斗志高涨，所向披靡，挫败了倭寇的侵扰，保护了沿海居民的生命财产安全，也为壮乡人民立了大功。后来，广西南丹县那地州壮族人民为了纪念瓦氏夫人，于是就模仿了瓦氏夫人训练士兵的方法，开展了木板鞋竞技的娱乐活动，特别是喜庆节日和秋后欢庆时，壮乡人民穿上木板鞋，踏着欢快的节拍，欢庆丰收和节日，相沿成俗，流传至今。

竞技的形式有：穿板鞋抢粽子、板鞋秧歌舞、板鞋采香包（壮族一种吉祥物）、板鞋抛绣球、板鞋扇舞、板鞋拳术、板鞋踩气球等等，形式多种多样。在广西右江花山壁画中，古代壮族士兵穿着板鞋练兵，一个个身强体壮，精神饱满，正在等待出征，真实地记载了三人板鞋竞技在壮族军事、体育中的作用。板鞋的竞技表演，既培养了士兵顽强、勇敢、坚毅、勇往直前的战斗精神，又提高了士兵的身体素质，是提高军队的战斗力的一项良好的运动。板鞋竞技历史悠久，器材简单，不受年龄性别的限制，是一项深受壮族人民喜爱的民间体育运动。

（2011 年贵阳第九届全国少数民族运动会三人板鞋竞速比赛，跑道外侧为广西队队员，笔者拍摄）

第二节　木板鞋的基本技术

一、板鞋竞技的基本技术

以三人的右腿运动轨迹为例，三人板鞋的一个完整的跑动周期分左板着地缓冲、右板提膝送板、右板下压、右板着地缓冲（图 1）。

（一）左板着地

三人板鞋着地缓冲，三人的重心放在右板上，左板着地一瞬间，重心迅速转移，同时积极压板。

图 1

（二）右板提膝送板

左板下压同时后蹬，右腿抬膝，以大腿带动小腿向前上方摆动，提膝向前送板。

（三）右板下压

摆动腿的大腿摆至几乎与地面平行，小腿顺惯性向前摆动，脚掌保持自然的姿势。大腿积极下压，并积极向前伸腿送髋。

（四）右板着地缓冲

小腿前伸，着地缓冲，重心由左板过渡到右板。

（五）练习

1. 站位。三人的站位与扶腰。
2. 徒手节奏练习。三人同时发出 1、2；1、2 口令，并原地踏步练习。
3. 三人穿板鞋原地踏步练习。
4. 三人穿板鞋小步跑练习。
5. 三人穿板鞋侧跨步练习。
6. 三人穿板鞋慢跑练习。
7. 三人穿板鞋曲线跑练习。

第三节　板鞋竞技的器材、场地和简明规则

一、场地

在标准的田径场地上进行。场地线宽均为 5cm，跑道分道宽 2.44–2.50m。可根据

比赛的需要和场地状况设置跑道的多少。

二、器材

比赛板鞋以长度为100cm，宽度为9cm、厚度为3cm的木料制成（以三人板鞋为例）。每只板鞋配有三块宽度为5cm护足面皮，分别固定在板鞋规定的距离上，护皮以套紧脚面为宜。第一块护皮前沿距板鞋前端7cm，第二块护皮在第一块护皮与第三块护皮的中间，第三块护皮后沿距板鞋末端15cm（图2）。

图2

三、简明规则

起跑：当发令员发出“各就各位”口令时，运动员将板鞋置于跑道起跑线前，运动员共同套好板鞋，任何一只板鞋都不得触及或超过起跑线。

途中跑：运动员在比赛过程中，应自始至终在各自道次内进行。如果出现某一 队员脚脱离板鞋脚触地或摔倒，须在触地（落地）处重新套好板鞋继续比赛。

终点：记时员的停表以第一名运动员身体躯干任何部位（不包括头、颈、臂、腿和脚）抵达终点线后沿垂直面瞬间为止，到达终点时，运动员的身体和板鞋须全部超过终点线后才能分离。

接力赛：是指由多组板鞋运动员组成，各组运动员通过规定完成的距离将接力棒由起点传送至终点的比赛。接力赛中，运动员应持“棒”跑完全程，接棒运动员应在接力区内等待接“棒”。队员之间的交接棒必须在接力区内完成，并且以“棒”为准。队员之间的交接棒必须在脚不脱离板鞋的情况下完成。完成交接的队员应停留在各自的分道或接力区内，直到跑道畅通后方可离开。

接力区：每个接力区长度为10m，在中心线前后各5m，交接的开始与结束均从接力区分界线的后沿算起。

第四节　教学探讨

一、技能目标

通过学习，掌握穿木板鞋走、跑、折返、曲线等动作的基本技术以及简明的比赛规则，达到能够组织三人板鞋竞速的教学与训练。

二、教学内容

穿木板鞋走跑、三人板鞋竞速简明竞赛规则。

三、重点与难点

板首提拉板，板尾送压板动作。

四、组织教学

1. 木板鞋运动的简介。

教师讲解木板鞋的概述：民族属性、发源地、起源传说、当今发展状况、场地器材、简明比赛规则等。组织如图所示。

××××××××××
××××××××××
××××××××××
▲

2. 教师先讲解木板鞋跑（走）动的动作要领及练习的技巧、强调口令的一致性。

3. 与两名学生示范穿木板鞋原地“走动”动作，强调步调一致性的重要性。

4. 学生三人一组，在教师指挥下进行原地“走动”。

5. 指挥学生左右侧跨步走练习，先向左侧跨步，再向右侧跨步。

6. 指挥学生直线走练习，连续地折返走。

7. 教师讲解三人板鞋跑动的方法、要领。

8. 指挥学生直线跑练习，连续地折返跑。

9. 指挥学生穿木板鞋曲线跑，如蛇形跑或者沿篮球场边线—端线—三分线—端线—边线—中线的线路跑。

10. 指挥学生练习过程中，教师巡视、帮助学生改进错误动作，改进方式可个别纠正方式或集体纠正方式。

11. 木板鞋运动游戏。

①接力赛跑：20m 折返跑接力。

②穿木板鞋抢“粽粑”：分成四队从四个角出发到场地中央，用筷子从大盆中夹起一只乒乓球放入本队的桶中，然后返回，第二组出发。依次类推，将本队所有的球从盆中移至桶中用时最少的队为胜。

12. 三人板鞋竞速竞赛。

（1）介绍全国少数民族传统体育运动会三人板鞋竞速比赛的项目。

（2）介绍广西少数民族传统体育运动会竞速项目。

（3）发令口令：“运动员上道——各就各位——鸣枪”

（4）接力等介绍。

（5）指挥起跑练习。

（6）指挥接棒练习。

第十二章　踩高跷

第一节　踩高跷概述

踩高跷，在我国汉民族中有比较广泛的群众基础，早在唐代，就出现踩高跷的表演。广西京族人民特别喜爱这项运动，相传早在100年前，每到入秋以后，北部湾的浅海处便出现一群群的海虾，为避免因天冷冻伤脚和残贝壳割伤脚，京族人便踩着高跷，扛着虾箩去浅海捕捞，以后慢慢发展成一项民间体育游戏——踩高跷。该项目在2003年宁夏回族自治区银川市举行的“中华人民共和国第七届少数民族传统体育运动会”上已被列入全国民运会正式比赛项目，共有16个省市代表团32支代表队参加了高跷竞速的比赛，比赛中运动员创造了优异的成绩。

高跷现在已成为广大群众所喜爱的运动项目，它不仅能达到锻炼身体、提高身体素质的目的，而且还能达到娱乐的作用。每遇农闲或喜庆节日时，人们用各种姿势踩上高跷互相交流技艺，或者角力对抗，或者高跷游戏，或者高跷竞速，尽情享受丰收的喜悦或节日的快乐。由于踩高跷所需的器材简单，不受场地的限制，娱乐性强，因此，特别适合目前正在开展的全民健身运动。踩高跷活动可丰富人们的文化生活，加深各民族人民之间的团结和友谊，通过“经济唱戏，体育搭台”的方式，促进和带动民族地区的经济繁荣和发展。它不但具有健身价值，而且还具有一定的艺术价值，对振兴民族精神，活跃、充实人民的文化生活都起着积极作用。

（2011年贵阳全国少数民族运动会高脚马比赛，跑道内侧者为广西队队员，笔者拍摄）

第二节　踩高跷的基本技术

高跷的技术分为持握高跷、上高跷、踩高跷和下高跷四个部分。

一、持握高跷

（一）下握式

动作方法：两脚开立与肩同宽，上臂内侧与肋部上部夹紧扶把中上部，高跷下端触地，间距 30-40cm（高跷之间的间距、高跷与人的距离、手握扶把的位置均以人感觉适宜为宜，下同），踏板向内，双臂微屈，双手虎口向下，掌心向里大拇指与其他四指分开握把，两眼平视前方（图 1）。

（二）上握式

动作方法：站立，将高跷立于体前，高跷之间相距 30-40cm，高跷与人相距约 30 cm，高跷踏板向后，两臂屈肘，两手虎口朝上，握紧高跷上端（约与肩同高）（图 2）。

图 1

图 2

（三）练习

1. 教师先示范一遍完整的动作，让初学者对踩高跷的基本技术有初步印象。

2. 教师边示范边讲解不同方式的持握高跷的手法、部位及高跷的放置位置，保持身体平衡。

3. 练习者学习持握高跷，教师纠正练习者的错误动作。

二、上高跷

（一）下握式上高跷

动作方法：持握好高跷后，一脚先踏上高跷的踏板，另一只脚稍蹬地，迅速蹬上踏板，同时用上臂与肋上部夹高跷扶把，握高跷的双手向内夹控制好高跷（图 3）。

图 3

（二）上握式上高跷

动作方法：持握好高跷后，一脚先踏上高跷的踏板，脚尖贴紧扶把，另一只脚稍蹬地，迅速蹬上踏板，同时屈臂，双臂的上臂与前臂夹角成约 90 度，臂和手稍紧张握紧高跷（图 4）。

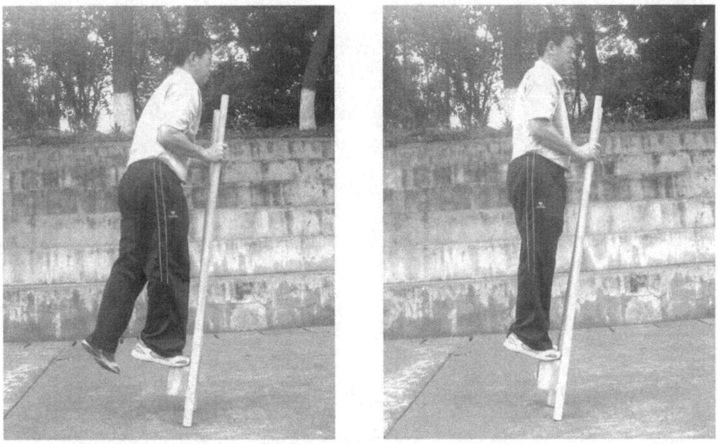

图 4

（三）练习

1. 教师边讲解边示范上高跷动作，强调动作关键。

2. 练习者两人一组，一人进行保护与帮助，另一人做上高跷的练习。

3. 一个人固定高跷后，练习者练习上高跷。

4. 练习者站在台阶上（高跷放置于台阶下）上高跷，体会动作。

5. 练习者双手持高跷在平地上进行上高跷练习。

三、踩高跷

不同材料制作的高跷，因高跷的外形不一致，另外高跷竞速和高跷表演的动作方法各异，故踩高跷的方法多种多样。下面主要介绍高跷竞速的动作技法。

（一）下握式踩高跷

1. 正向走

动作方法：下握式上高跷后，双膝微屈站在高跷上，保持身体平衡，两眼平视前方，然后重心移至左腿（右）上，右（左）手将高跷提离地面，脚掌紧贴踏板，右脚带动右扶把向前迈步，左右脚交替行进（图 5）。

图 5

2. 侧身走

动作方法：侧对运动方向，下握式上高跷后，右腿向右下方蹬地，同时左手提拉高跷左脚侧移一步，右脚随之跟进一步，这样循环往复向左行进（图 6）。

图 6

3. 练习

（1）教师边示范边讲解动作要领。

（2）练习者站在高跷上，两人一组，一人手扶练习者的肩膀帮助练习者平衡重心。

（3）练习者按动作要领及要求自己练习。

（4）练习者加大练习难度进行练习。

①教师发出节奏信号，练习者按节奏进行练习。

②练习者根据自己的熟练程度加快踩高跷的速度。

③踩高跷上下坡。

④踩高跷做转弯、侧移、跳跃动作练习。

（二）上握式踩高跷

动作方法：将两只高跷平行立于体前，踏板向后，两手虎口朝上各握住一只高跷的上端，上高跷后，重心稍左移动，右脚尖向前将扶把向前推，使右手所持扶把向前移一步，左右脚交替向前行进，动作熟练后可跑动行进（图 7）。

图 7

四、下高跷

下高跷常用的方法有双脚下法和单脚下法。

动作方法：当练习者在行进间或到达终点准备下高跷时，手、脚协调用力，保持身体平衡，左脚左手、右脚右手同时支撑身体重量，双脚向前跳下落地。单脚下高跷时应保持蹬高跷一侧的重心稳定，另一侧脚先下，然后另一只脚跟着落地。

第三节 器材

高跷由扶把和踏板两部分构成。扶把由 6cm × 8cm 方木条制成，高跷高度与人的身体高度接近（1.65–1.80m），在每根扶把距地面约 40cm（男子高跷）或 30cm（女子高跷）的地方，各钉一块横切面 6cm × 10cm，高 12–15cm 的木板作为踏板，将踏板上方约 20cm 处到扶把梢端刨成直径 5cm 圆木。踏板距地面的高度从踏板上沿计算。

第四节 教学探讨

一、技能目标

通过学习，掌握上握式、下握式踩高跷的方法，能够达到踩高跷慢跑水平。

二、教学内容

上握式踩高跷、下握式踩高跷。

三、重点与难点

高跷上的平衡。

四、组织教学

1. 指挥学生集合，成三列横队站立，教师讲解踩高跷的概述。如图所示。

× × × × × × × × ×

× × × × × × × × ×

× × × × × × × × ×

▲

2. 教师示范下握式踩高跷的完整动作。

3. 教师示范、讲解下握式踩高跷的方法，学生做下握式握高跷动作，教师检查。

4. 教师边示范、边讲解下握式上高跷，强调“蹬地快上”的动作关键。

5. 教师示范上高跷、踩高跷连贯动作，讲解动作要领，强调动作关键。

6. 安排一学生练习上高跷、踩高跷连惯动作，教师示范帮助与保护动作。

7. 两人一组，一人练习上高跷和踩高跷，另一人扶其肩，帮助其在高跷上的平衡，碎步移动，然后互换。

8. 持高跷背靠墙，然后上高跷，体会高跷上的平衡。

9. 安排学生练习正面慢走。

10. 安排学生上 2–3 或更多级的台阶，提高高跷上的平衡能力。

11. 学习踩高跷绕排球场或篮球场行走，提高在高跷上的行走能力。

12. 安排学生提高速度的快跑练习。

13. 教师示范下握式侧身走动作，讲解动作要领。

14. 学习练习下握式侧身走动作，体会动作。

15. 踩高跷游戏一：踩高跷接力比赛。可根据情况，进行适当距离的迎面或折返接力比赛。

16. 踩高跷游戏二：踩高跷角力。2–3m 为半径的圆圈内，两人在高跷上进行角力，用肩膀顶对方，使对方掉下高跷。

第十三章　滚铁环

第一节　滚铁环概述

“滚铁环”是一个现代词语,又称“滚筐篮”或“推铁环”,在我国有悠久的历史。“滚筐篮”其实就是利用废旧不用的米筛、簸箕取其筐，或者从旧木桶上取下铁箍做成“铁环”，用一个带钩的手柄推着铁环滚动。据资料记载，“滚铁环”在20世纪五、六十年代，曾经相当流行，不管是城里的孩子还是农村的小孩都对其情有独钟。20世纪七、八十年代，在笔者家乡，每当学生放学回家之际，在乡间小道上孩子们成群结队推着铁环回家，与余晖相映成为一道亮丽的风景，成为儿时的一段回忆。

在国外的文献资料中也有推铁环的记载,哈里斯在其《古希腊和古罗马时代的运动》一书中就记载了古希腊和古罗马儿童玩“滚铁环”（hoop bowling）游戏活动的情形，当时的儿童用车轮的铁圈做成铁环，然后就推着到处玩。滚铁环是对人平衡技巧的考验。手握一只铁钩钩住铁环，推动铁环向前滚动，即使要经过无数凸凹的路面和水坑，技艺高超的孩童也可以让这只”车轮”滚一段长路而不倒下，并能做出一些花样动作。

第二节　基本技术

一、持铁环

双脚前后开立，左脚在前，右脚在后，重心大部分落在前脚；左手持铁环顶部，置于体前左膝旁，右手持钩柄并将钩钩住铁环的后下部（图1）。

图1

二、原地平衡

右手持柄将钩住铁环后下部，手柄稍向右斜，使铁环“立”起（图 2）。

图 2

三、原地绕圈

从原地平衡开始，以铁环与地面的接触点为圆心，铁环的圆心不变，练习者顺时针或逆时针绕圆心一周，同时，铁环也旋转一周（图 3）。

图 3

四、起动与推环

起动是滚铁环的开始，使铁环有一个初速度。由持铁环开始，双臂屈肘回收，然后，双臂前伸，同时，左手松开铁环，右手握柄将铁环向前推进（图 4）。

推铁环时，右手手腕稍紧，着力点在柄钩上，柄钩置于铁环后下部。

图 4

五、过独木桥

控制铁环前进方向，使其保持在一条线上前进（图 5）。

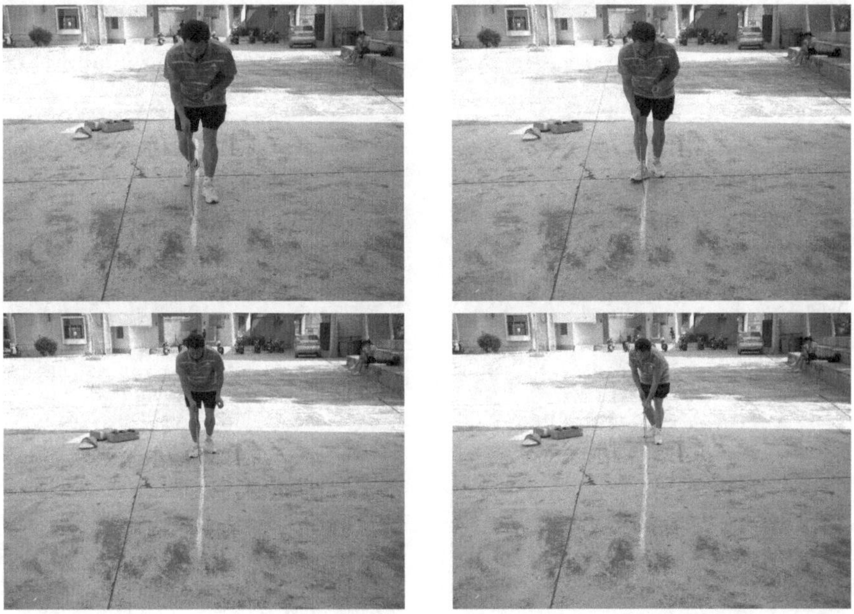

图 5

六、跳过障碍物

接近障碍物时，右手持柄稍用力向前下方插，使柄钩移至铁环正下方，随即提钩并前送，使铁环腾空越过障碍物（图 6）。

图 6

七、走“S”形

控制铁环行进路线，使其绕障碍物呈“S”形行进（图 7）。

图 7

八、滚铁环器材

推铁环器材包括一条手柄和一只铁环组成。手柄的一头是一个 U 形的铁钩子，另一头是握把，环则可以用铁条焊接而成，或者用竹片圈成一个圆环，然后，用线在适当位置固定，使竹片成一圆环（图 8）。

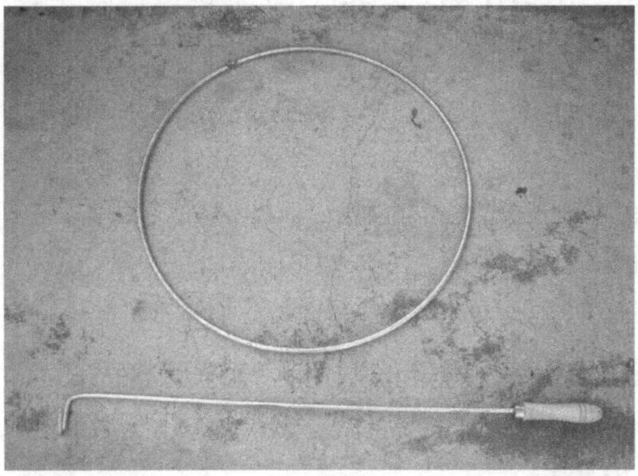

图 8

第三节 教学探讨

一、教学目的

技能目标：通过对技术的学习，学会滚铁环的原地平衡、起动、直线滚动、曲线滚动、拐弯、跳跃等基本动作；掌握滚动中的控速、平衡等技巧。

情感目标：在教学过程中，施实情感的影响，帮助学生树立自信、克服困难的精神，培养耐心、细致的品质。

二、教学内容

原地平衡、原地绕圈、起动与推环、过独木桥、跳过障碍物、走“S”形、滚铁环游戏比赛。

三、组织教法

1. 集合整队，学生成二列横队站立。

2. 教师简要介绍滚铁环的历史以及丰富多彩的民间滚铁环活动。

3. 每人均持器材，教师示范铁环的原地平衡，强调铁环稍右斜，铁环与柄钩、握柄的交点，两点控制铁环的平衡。

4. 指导学生学会铁环的原地平衡，并在此基础上练习持铁环的原地绕圈动作，要求能控制铁环的平衡。

5. 集合，教师示范铁环的抛起起动，强调顺惯性用力的动作要领。

6. 安排学生自由练习抛起起动动作，教师作个别辅导。

7. 教师示范直线推行的动作，并强调握柄手手腕稍紧张，控制握柄保持斜向前下方，柄钩与铁环的交点保持在铁环的后下部位置。

8. 安排学生自由练习直线推行。

9. 教师布置练习量：完成绕篮球场或排球场步行或小跑推行，每人 5–8 圈。

10. 教师画一独木桥或用多块宽 15–20cm 的木板拼成独木桥，要求学生从独木桥上滚过铁环，不能失误，每人练习 2–3 次。

11. 教师示范曲线推行动作，强调通过前臂带动手腕的内翻、外旋控制铁环的右转、左转的行进。

12. 学生自由练“S”形推铁环，练习 3–5 分钟。

13. 教师每隔 1m 放置一障碍物，共放置 20m 长的障碍物，学生推铁环绕障碍练习，每人 2–3 次。

14. 教学游戏：全班分成人数均等的两组，绕障碍接力比赛。

15. 教师示范推铁环的跳起动作，强调柄钩与铁环交点前移，移至铁环正下部，手腕用力将铁环挑起越过障碍物。

16. 教师指导学生练习铁环的原地跳起练习。

17. 学生自由练习铁环推进中的跳起练习。

18. 教师讲评，对比示范，帮助学生理解动作要领，布置再练习 3–5 分钟。

参考文献

[1] 中国体育博物馆，国家体育文史工作委员会 . 中华民族传统体育志 [M]. 广西民族出版社，1990 年 .

[2] 郭伴溪 . 民俗游戏与竞技 . 中国社会科学出版社，2008 年 .

[3] 张新立 . “鹰雏虎崽”之教——教育人类学视角下的彝族儿童民间游戏研究 . 广西师范大学出版社，2007 年 .

[4] 翟文明，于海娣 . 中华上下五千年世界上下五千年大全集 . 中国华侨出版社，2010 年 .